# A CONCRETIZAÇÃO DOS DIREITOS SOCIAIS FRENTE À JURISDIÇÃO CONSTITUCIONAL:

*Análise Centrada na Tutela Especial da Mulher nas Relações de Emprego*

**PAULO HENRIQUE SCHNEIDER**

*Advogado. Mestre em Direito pela UNISC — Universidade de Santa Cruz do Sul.*
*Especialista em Direito Processual Civil pela Universidade Luterana do Brasil (ULBRA).*
*Especialista em Direito e Processo do Trabalho pela Universidade de Passo Fundo (UPF).*
*Professor de Direito do Trabalho e de Processo do Trabalho da Universidade de Passo Fundo.*

# *A CONCRETIZAÇÃO DOS DIREITOS SOCIAIS FRENTE À JURISDIÇÃO CONSTITUCIONAL:*

*Análise centrada na tutela especial da mulher nas relações de emprego*

**EDITORA LTDA.**

© Todos os direitos reservados

Rua Jaguaribe, 571
CEP 01224-001
São Paulo, SP — Brasil
Fone (11) 2167-1101
www.ltr.com.br
Agosto, 2015

Produção Gráfica e Editoração Eletrônica: GRAPHIEN DIAGRAMAÇÃO E ARTE
Projeto de Capa: FABIO GIGLIO
Impressão: PIMENTA GRÁFICA E EDITORA

versão impressa — LTr 5321.5 — ISBN 978-85-361-8526-2
versão digital    — LTr 8769.6 — ISBN 978-85-361-8530-9

---

Dados Internacionais de Catalogação na Publicação (CIP)
(Câmara Brasileira do Livro, SP, Brasil)

---

Schneider, Paulo Henrique

A concretização dos direitos sociais frente à jurisdição constitucional : análise centrada na tutela especial da mulher nas relações de emprego / Paulo Henrique Schneider. — São Paulo : LTr, 2015.

Bibliografia.

1. Direito constitucional 2. Direito constitucional — Brasil 3. Direito do trabalho 4. Direitos sociais 5. Jurisdição (Direito constitucional) 6. Tutela — Legislação — Brasil I. Título.

15-06251                                                                CDU-342.56

Índice para catálogo sistemático:
1. Jurisdição constitucional : Direito
constitucional    342.56

*Agradecimentos*

Aos meus pais, que me educaram sob os princípios da igualdade, do respeito ao próximo e da não discriminação.

À minha irmã, por ser um exemplo de mulher.

Ao meu sócio, André, pela compreensão e pelo companheirismo nos períodos em que tive de fazer-me ausente de nosso escritório para a concretização deste projeto.

Aos meus colegas de mestrado Márcio, Felipe, Renato e Caroline, pela cumplicidade nas situações difíceis e pelos momentos de alegria proporcionados nos dois anos de convívio do programa de mestrado.

Ao meu professor orientador, Dr. Raimar Machado, pela confiança e pela credibilidade depositada, pelo suporte conferido e por trilhar comigo este caminho.

À minha amada esposa Amanda, a quem dedico inteiramente este trabalho. Minha alma gêmea que compreendeu, apoiou e incentivou a minha trajetória.

Por fim, agradeço ao quarteto mágico de Liverpool. Trilha sonora desta empreitada. Thanks *Paul, John, George e Ringo!*

*"You say you want a revolution, well you know*
*We all want to change the world"*

*Sumário*

1. INTRODUÇÃO .................................................................................... 11
2. DIREITOS FUNDAMENTAIS E DIREITOS SOCIAIS: IDENTIFICAÇÕES E DISTINÇÕES. APORTES HISTÓRICOS SOBRE A QUESTÃO DE GÊNERO ................................ 15
   2.1. Considerações iniciais: premissas conceituais e a classificação dos direitos fundamentais ................................................. 15
   2.2. Direitos sociais na história: das revoluções ao *International Bill of Rights* ........................................................................... 19
      2.2.1. As Revoluções Francesa e Industrial ............................. 20
      2.2.2. A Declaração dos Direitos do Povo Trabalhador e Explorado da Rússia de 1918 ......................................... 21
      2.2.3. A Constituição mexicana de 1917 e a Constituição de Weimar de 1919 ......................................................... 24
      2.2.4. A Declaração Universal de Direitos Humanos ............ 26
      2.2.5. O Pacto Internacional de Direitos Econômicos Sociais e Culturais ............................................................ 28
   2.3. A realidade brasileira: a evolução através das Constituições .... 30
   2.4. Aspectos identificadores e diferenciadores entre os direitos fundamentais individuais e os direitos sociais ....................... 35
      2.4.1. Dos traços identificadores entre as categorias ........... 35
      2.4.2. Das distinções entre as categorias ................................ 40
3. DOS DIREITOS SOCIAIS DO TRABALHO E O SISTEMA JUSLABORAL FEMININO ............................................................... 45
   3.1. Marcos conceituais ...................................................................... 45
   3.2. Os direitos sociais do trabalho na ordem internacional e a situação jurídico-laboral da mulher trabalhadora .................. 46
      3.2.1. A Organização Internacional do Trabalho ................... 47
      3.2.2. A Carta Internacional dos Direitos Humanos e o Direito do Trabalho ......................................................... 51

3.3. Os direitos sociais do trabalho na prática constitucional brasileira: o surgimento e a evolução da proteção do trabalho feminino .................................................................................... 53
    3.3.1. A Constituição Imperial de 1824................................. 57
    3.3.2 A Constituição Republicana de 1891......................... 58
    3.3.3. A Revolução de 1930 e a institucionalização do Direito do Trabalho.................................................... 59
    3.3.4. A Carta de 1937: "A Constituição Polaca" ................ 60
    3.3.5. A Constituição de 1946: o Brasil pós-Estado Novo .. 62
    3.3.6. O Sistema Constitucional de 1967/69 ........................ 63
    3.3.7. A Constituição cidadã de 1988: o trabalho como um direito social............................................................... 64

## 4. A EFETIVAÇÃO DOS DIREITOS SOCIAIS POR MEIO DA JURISDIÇÃO CONSTITUCIONAL................................................ 67
4.1. A jurisdição constitucional: o procedimentalismo *versus* substancialismo e os direitos sociais ...................................... 67
4.2. O protagonismo judiciário na consagração dos direitos sociais........................................................................................ 76
4.3. A judicialização e o ativismo judicial...................................... 78
4.4. O Judiciário como legislador positivo ou negativo............... 81
4.5. Jurisdição constitucional no direito comparado quanto ao tratamento isonômico dos direitos sociais nas relações de trabalho..................................................................................... 84

## 5. A TUTELA ESPECIAL EM RAZÃO DO GÊNERO: PROTEÇÃO DA MULHER TRABALHADORA............................................ 91
5.1. Os fundamentos da tutela especial......................................... 91
5.2. A tutela especial da mulher trabalhadora.............................. 97
    5.2.1. Os desafios da globalização para a proteção da mulher na relação de trabalho................................... 101
    5.2.2. Os efeitos para a promoção da igualdade de gênero da ausência de legislação sobre a proteção do trabalho da mulher mediante incentivos específicos....... 105
    5.2.3. A reificação do trabalho feminino ............................. 107
5.3. A concretização da tutela especial da mulher trabalhadora no Brasil pela via da jurisdição constitucional....................... 108

## 6. CONCLUSÃO ...................................................................................... 117

REFERÊNCIAS BIBLIOGRÁFICAS ....................................................... 121

*A mulher é a escrava dos escravos. Se ela tenta ser livre, você diz que ela não te ama. Se ela pensa, você diz que ela quer ser homem."*

(John Lennon)

*Se puderes olhar, vê.
Se puderes ver, repara.*

(José Saramago)

# 1

## *Introdução*

O trabalho, como valor social inerente à dignidade da pessoa humana, é relativamente novo na escala de evolução da sociedade. Todavia, o labor, como fonte de exploração do "homem pelo homem", remonta ao surgimento da civilização, quando se percebeu que colocar o outro/inimigo a seu serviço era mais inteligente do que simplesmente aniquilá-lo.

Para a mulher, a questão é ainda mais complexa na medida em que atravessou milênios até que conquistasse a possibilidade de ingressar no mundo do trabalho e obtivesse o reconhecimento, ainda que não de forma global, de que, para ser materialmente igual ao trabalhador do sexo masculino, deveria ser destinatária de proteção específica no mercado de trabalho.

Todavia, a conquista da igualdade plena ainda encontra sérias e extensas barreiras, quer seja na ausência de medidas protetivas eficazes, na inexistência de consistentes ações afirmativas, quer seja, ainda, na própria atuação do Poder Judiciário.

É sobre a tutela da mulher trabalhadora que o presente trabalho, nascido da dissertação de mestrado, debruça-se. Mais especificamente, sobre a concretização dos direitos sociais da mulher trabalhadora frente à jurisdição constitucional, ou seja, discorrer sobre o nível e o *status* de contribuição da jurisdição constitucional na promoção da igualdade entre homens e mulheres na contemporaneidade, por meio da análise qualitativa de casos concretos do cenário pátrio e estrangeiro.

Para a análise do tema proposto, a pesquisa estrutura-se em quatro capítulos, os quais versam sobre os direitos fundamentais, os direitos sociais do trabalho, a efetivação dos direitos sociais por intermédio da jurisdição constitucional e a tutela específica do trabalho feminino.

No primeiro capítulo do estudo, a apreciação do tema está assentada na análise histórica e conceitual do que são os direitos fundamentais. No primeiro tópico do ensaio, faz-se uma análise histórica dos direitos fundamentais e de sua concretização através das dimensões/gerações, conceituando-os e demarcando-os historicamente.

O segundo tópico é dedicado aos direitos sociais, mediante de uma abordagem histórica sobre a sua evolução no cenário internacional, desde as Revoluções Francesa e Industrial até a *International Bill of Rights*.

Na sequência, propõe-se a discorrer sobre os direitos sociais no cenário histórico pátrio. Para isso, faz-se uma abordagem da evolução dos direitos sociais nas diversas Constituições brasileiras e a contribuição de cada uma das Cartas Constitucionais no processo de reconhecimento e de afirmação dos direitos de segunda dimensão.

Já, na quarta e última parte deste capítulo, faz-se um quadro comparativo dos traços identificadores e dos traços distintivos entre os direitos fundamentais individuais (direitos de primeira dimensão) e os direitos fundamentais sociais (direitos de segunda dimensão). A premissa desse item é que existem características comuns entre essas categorias de direitos fundamentais (fundamentalidade, historicidade, universalidade, inalienabilidade, entre outros) e traços distintivos entre ambos (programaticidade, reserva do possível e mínimo existencial).

Por sua vez, no segundo capítulo, o objeto de estudo está centrado na análise teórica dos direitos sociais do trabalho e no sistema juslaboral feminino, com especial referência aos aspectos conceituais e à sua concretização na ordem internacional, especialmente na Organização Internacional do Trabalho (OIT) e na Carta Internacional dos Direitos Humanos.

Para encerrar o capítulo, abordam-se o surgimento e a evolução da proteção do trabalho, como direito social, especialmente do labor feminino, na prática constitucional brasileira.

Vencido o segundo capítulo, avança-se ao terceiro capítulo, no qual o foco fixa-se na averiguação teórico-prática da efetivação dos direitos sociais da jurisdição constitucional. Inicialmente, conceitua-se a figura da jurisdição constitucional, para, num segundo momento, abordarem-se as correntes substancialista e procedimentalista e a relação destas com a constatação do estratégico papel do Poder Judiciário na concretização da Constituição da República Federativa do Brasil de 1988 (CF/88).

O segundo item desse tópico é dedicado a analisar o protagonismo exercido pelo Poder Judiciário na consagração dos direitos sociais pela compreensão das figuras jurídicas da judicialização e do ativismo judicial e da atuação do Judiciário como legislador positivo ou negativo.

Para fechamento do capítulo, faz-se uma análise prática sobre o tratamento isonômico dos direitos sociais laborais no direito comparado, por meio da jurisdição constitucional. Para fins metodológicos (optou-se por analisar julgados de nações e continentes com um histórico consolidado de democracia e reconhecimento dos direitos fundamentais), a análise comparativa é feita com base em relevantes precedentes jurisprudenciais da Suprema Corte dos Estados Unidos, da Suprema Corte do Canadá e do Tribunal de Justiça da União Europeia.

Da Suprema Corte norte-americana elegem-se, para fins de análise, os julgamentos proferidos nos casos *Price Waterhouse v. Hopkins* e *Mississipi University for Women v. Hogan*. Já da Suprema Corte do Canadá seleciona-se o polêmico caso *Canada v. Massop*. Por fim, do Tribunal de Justiça da União Europeia abordam-se as rumorosas contendas judiciais *Krail v. Bundesrepublik Deutschland* e *Garland v. British Rail Engineering Limited*.

Essa análise tem por escopo fornecer uma ideia de como os tribunais estrangeiros têm atuado ao longo dos últimos tempos nas questões envolvendo a desigualdade de gênero no ambiente de trabalho, já que o propósito do trabalho é discorrer sobre a contribuição da jurisdição constitucional na promoção da isonomia material entre homens e mulheres no mercado de trabalho.

No quarto e último capítulo reside o objeto principal do estudo proposto na presente dissertação, qual seja, a abordagem acerca da tutela específica da mulher trabalhadora no cenário jurídico pátrio e a concretização dos direitos sociais trabalhistas pela via da jurisdição constitucional.

O capítulo está dividido em quatro tópicos, iniciando-se com a demarcação teórica dos fundamentos da tutela especial, isto é, com a análise do contexto do trabalho feminino por meio da repressão a todas as formas de discriminação.

Por seu turno, no segundo item do capítulo, é proposta uma análise conceitual-comparativa das tutelas especiais no contexto do direito trabalho, escolhendo-se, para fins de estudo, a proteção do trabalho infantojuvenil e das pessoas com necessidades especiais, haja vista que são duas categorias de trabalhadores que sofrem discriminações semelhantes àquelas impostas às mulheres no mercado de trabalho.

Na sequência do capítulo, é realizada uma análise detida na tutela especial da mulher trabalhadora, questão nodal suscitada na pesquisa. Inicia-se pela contextualização das medidas legais protetivas existentes no cenário jurídico pátrio, para, num segundo momento, problematizar os desafios impostos pela globalização à proteção da mulher na relação de trabalho. Da mesma forma, questiona-se acerca dos efeitos da ausência de legislação sobre a proteção do trabalho da mulher para a promoção da igualdade de gênero, mediante incentivos específicos, encerrando-se na abordagem da reificação do trabalho feminino.

Por fim, chega-se ao tópico central do capítulo que é a observação crítica da concretização da tutela especial da mulher trabalhadora no Brasil pela via da jurisdição constitucional, em que a reflexão teórica proposta é confrontada com algumas decisões importantes proferidas pelo Judiciário Trabalhista pátrio no campo da proteção e da efetivação dos direitos sociais trabalhistas, as quais têm por propósito possibilitar a discussão sobre o nível e o *status* de contribuição da jurisdição constitucional na promoção da igualdade entre homens e mulheres no mercado de trabalho.

Em síntese, esse é o caminho a ser delineado por este trabalho, que não tem por pretensão esgotar ou apresentar soluções definitivas, apenas servir como contribuição jurídica para evolução do tema e para todas as questões que envolvem a discriminação de gênero no cenário jurídico contemporâneo.

Embora pareça um pouco paradoxal, a igualdade ainda brilha com intensidade distinta para certas categorias de trabalhadores, como é o caso dos menores, das pessoas com necessidades especiais e das mulheres, e a jurisdição constitucional possui um papel ímpar e fundamental na construção da igualdade material nas relações de trabalho.

A consagração na *lex fundamentalis* é o passo central. Mas não é o fim. Pelo contrário, é o ponto de partida para um processo contínuo e sem fim que se revela essencial para a construção de uma sociedade fraterna, pluralista e sem preconceitos.

# 2

## Direitos fundamentais e direitos sociais: identificações e distinções. Aportes históricos sobre a questão de gênero

Neste capítulo, busca-se fazer uma análise histórica, conceitual e comparativa acerca dos direitos fundamentais e dos direitos sociais, com o propósito de estabelecer as bases fundamentais sob as quais se assenta o problema objeto do presente trabalho.

### 2.1. Considerações iniciais: premissas conceituais e a classificação dos direitos fundamentais

Os direitos fundamentais constituem patrimônio comum da humanidade, cujo processo de afirmação deu-se de forma gradativa, com a evolução da sociedade e do Estado. A questão envolvendo a delimitação conceitual dos direitos fundamentais não se mostra das tarefas mais simples, porquanto, segundo lição de Andrade (1987, p. 11), o conceito pode ser abordado, por exemplo, pela perspectiva jusnaturalista (direitos de todos os homens em todos os tempos e lugares[1]), pela perspectiva universalista (como direito de todos os homens em todos os lugares num certo tempo) e pela perspectiva estatal (direitos existentes em um tempo e lugar).

Partindo-se da premissa de que direitos fundamentais e direitos humanos não são sinônimos[2], consoante posição expressa na própria Constituição

---

(1) Haja vista que o presente trabalho tem como foco os direitos sociais, é salutar registrar a crítica do Dr. Raimar Machado ao direito natural como fonte de justificação ou de legitimação para a base do sistema jurídico. Segundo o autor, "Procuramos sustentar, diante dessas e de outras premissas, a ideia de existência de aspirações naturais do homem, as quais são atingidas mais seguramente através do direito do Estado, visto que este permite um maior grau de possibilidades de soluções para as questões sociais imanentes, enquanto a noção de direito natural não representa necessariamente uma contribuição para o avanço civilizatório através da adequada produção do direito estatal" (MACHADO, 2013, p. 248).
(2) Nesse sentido, SARLET (2007, p. 336) afirma que "[...] o termo 'direitos fundamentais' se aplica para aqueles direitos do ser humano reconhecidos e positivados na esfera do direito constitucional positivo de

Federal (CF/88)[3], abordam-se os direitos fundamentais a partir da perspectiva estatal, ou seja, como conjunto de valores essenciais à dignidade da pessoa humana, reconhecidos e positivados no plano do direito interno de cada país.

Nesse sentido, precisa a lição de Sidney Guerra (2012, p. 99-100), para quem

> [...] os direitos fundamentais são aqueles direitos que aplicados diretamente gozam de uma proteção especial *nas* Constituições dos Estados de Direito; são provenientes de um amadurecimento da própria sociedade no que se refere à proteção dos referidos direitos.

Há cinco elementos básicos nesse conceito: norma jurídica, dignidade da pessoa humana, limitação de poder, constituição e democracia. Esses cinco elementos, conjugados, fornecem o conceito de direitos fundamentais. Se determinada norma jurídica tiver ligação com o princípio da dignidade da pessoa humana ou com a limitação do poder e for reconhecida pela Constituição de um Estado Democrático de Direito como merecedora de uma proteção especial, é bastante provável que se esteja diante de um direito fundamental.

Quanto ao seu processo de afirmação histórica, a doutrina costuma dividi-los segundo fases chamadas dimensões ou gerações[4]. Assim, ordinariamente, os direitos fundamentais são divididos em três dimensões, conforme abaixo se passa a discorrer.

1) Direitos de primeira dimensão: compreendem as liberdades civis e políticas do indivíduo, demandando uma atuação negativa por parte do Estado, ou seja, são direitos que se traduzem "como faculdades ou atributos da pessoa e ostentam uma subjetividade que é seu traço mais característico. Em suma, são direitos de resistência ou de oposição perante o Estado" (BONAVIDES, 2003, p. 564).

As liberdades civis e políticas, na condição de direitos humanos, surgiram nos Estados Unidos da América (EUA), com a Declaração da Independência,

---

determinado Estado, ao passo que a expressão 'direitos humanos' guardaria relação com os documentos de direito internacional, por referir-se àquelas posições jurídicas que se reconhecem ao ser humano como tal, independentemente de sua vinculação com determinada ordem constitucional, e que, portanto, aspiram à validade universal, para todos os povos e tempos, de tal sorte que revelam um inequívoco caráter supranacional (internacional)."

(3) A própria CF/88 apropria-se dessa distinção já que, toda a vez que se refere ao âmbito internacional, serve-se da expressão "direitos humanos", ao passo que, quando faz menção aos direitos previstos na própria Carta, chama-os de "direitos fundamentais", como se vê no Título II e no art. 5º, § 3º.

(4) Há certa cizânia doutrinária no tocante à utilização da nomenclatura "gerações de direitos fundamentais", pois tal expressão daria a entender que uma geração posterior suplantaria uma geração anterior em detrimento a uma das principais características dos direitos humanos que é justamente a indivisibilidade.

e na Europa com a Revolução Francesa, as quais impuseram ao Estado uma atuação negativa sobre o cidadão, em nome da liberdade e da igualdade.

Tendo como titular o indivíduo, apresentam-se como direitos de resistência/oposição frente ao Estado, que se deve abster da prática de atos que importem sua violação.

2) Direitos de segunda dimensão: surgiram na metade do século XIX (Revolução Industrial) e, sob o manto do princípio da igualdade, correspondem a direitos coletivos que demandam, *a priori*, uma atuação positiva por parte do Estado. Trata-se dos direitos sociais, econômicos e culturais que têm por objetivo a redução das desigualdades sociais mediante proteção dos indivíduos em posição mais frágil.

Assim, baseados no socialismo, emergem como forma de impedir a exploração do homem pelo homem, reclamando uma atitude positiva por parte do Estado, o qual tem a obrigação de intervir, para proteger os fracos e os hipossuficientes (MACHADO, 2011, p. 92).

A despeito do individualismo, fundamentam-se na "radicação da ideia da necessidade de garantir o homem no plano econômico, social e cultural, de forma a alcançar um fundamento existencial-material, humanamente digno" (CANOTILHO, 2003, p. 385).

3) Direitos de terceira dimensão: surgidos após a Segunda Guerra Mundial, são direitos de natureza universal, correspondentes à "fraternidade", que é o terceiro ideal preconizado na Revolução Francesa, citando-se como exemplos a paz mundial e o meio ambiente equilibrado[5].

Consubstanciados no princípio da solidariedade/fraternidade, são os interesses transindividuais/metaindividuais ou coletivos que surgem como resposta à dominação cultural e se definem como direitos globais ou de toda a humanidade, como é caso, por exemplo, do direito à paz, à autodeterminação dos povos e ao meio ambiente equilibrado (GUERRA, 2012, p. 51).

Na prédica de Goñi et al. (2001, p. 46),

> [...] *si el titular de los derechos de primeira generacion era el ser humano islado, y los protagonistas de los derechos de segunda generacion eram los seres humanos em grupos, las nuevas circunstâncias actuales exigen que la titularidade de los derechos corresponda, solidaria y universalmente, a todos los hombres.*

---

(5) É o que se denota do texto do art. 225 da CF/88: "Todos têm direito ao meio ambiente ecologicamente equilibrado, bem de uso comum do povo e essencial à sadia qualidade de vida, impondo-se ao Poder Público e à coletividade o dever de defendê-lo e preservá-lo para as presentes e futuras gerações."

Para o cumprimento da proposta de estudo deste capítulo, mostra-se salutar uma análise mais detida dos direitos de segunda dimensão, que, baseados no socialismo, emergem como forma de impedir a exploração do homem pelo homem, reclamando uma atitude positiva por parte do Estado, o qual tem a obrigação de intervir para a promoção da igualdade e para a preservação da dignidade da pessoa humana.

Como bem explica Gorczevski (2005, p. 75),

> Sua ênfase está nos direitos econômicos, sociais e culturais, nos quais existe como que uma dívida da sociedade para com o indivíduo. Estes direitos só podem ser desfrutados com o auxílio do Estado, portanto, se lhe impõe o dever de propiciar as necessárias condições. São direitos ao trabalho em condições justas e favoráveis; a proteção contra o desemprego, a assistência contra invalidez, o direito de sindicalização, direito à educação e cultura, à saúde, à seguridade social, a ter um nível adequado de vida. São direitos que exigem do Estado uma participação, uma ação.

Tais direitos possuem intrínseca relação com o princípio da igualdade, fazendo nascer a consciência de que tão importante quanto proteger o indivíduo é proteger a instituição, surgindo, assim, um novo conteúdo dos direitos fundamentais: as garantias institucionais. Essas garantias recebem um tratamento especial de modo a protegê-las de qualquer intervenção alteradora maléfica desses direitos por parte do legislador ordinário.

Os direitos sociais, positivados como direitos fundamentais, estão elencados, na sua maioria, no Capítulo II da CF/88[6], tornando explícita a obrigatoriedade de não se medirem esforços no sentido de garantir sua existência, sua observância e sua aplicação.

A partir de uma singela leitura do caput e dos primeiros incisos do art. 6º da CF/88, é fácil perceber que os direitos sociais reclamam uma postura ativa por parte do Estado (direitos de prestação). Contudo, até pelo que se verificará nos capítulos seguintes, é preciso salientar que os direitos sociais, por incluírem as chamadas "liberdades sociais", são também direitos de defesa requerendo, em determinadas circunstâncias, uma postura negativa por parte do estado.

---

(6) Importante considerar ainda o Título VIII da Constituição Federal que trata da "Ordem Social", regulamentando inúmeros direitos que são considerados socioeconômicos.

Nesse particular, esclarecem Mendes, Coelho e Branco (2000, p. 169):

> Na sua concepção tradicional, os direitos fundamentais são direitos de defesa (Abwehrrechte), destinados a proteger determinadas posições subjetivas contra a intervenção do Poder Público, seja pelo (a) não impedimento da prática de determinado ato, seja pela (b) não intervenção em situações subjetivas ou pela não eliminação de posições jurídicas.
>
> Nessa dimensão, os direitos fundamentais contêm disposições definidoras de uma competência negativa do Poder Público (negative Kompetenzbestimmung), que fica obrigado, assim, a respeitar o núcleo da liberdade constitucionalmente assegurado.

No mesmo sentido é a lição de Alexy (2002, p. 189), para quem

> Los derechos del ciudadano frente al Estado a acciones negativas del Estado (derechos de defesa) pueden dividirse em três grupos. El primeiro está constituido por derechos a que el Estado no impida u obstaculize determinada acciones del titular del derecho; el segundo, por derechos a que el Estado no afecte determinadas *propiedad o situaciones* del titular del derecho; y el tercero, por derechos a que el Estado no elimine determinadas posiciones jurídicas del titular del derecho.

Os direitos sociais, enquanto direitos de defesa, podem ser facilmente identificados na CF/88 como, por exemplo, no art. 7º, XXX, XXXI e XXXII[7] (que tratam da proibição de discriminação), no art. 8º[8] (que disciplina a liberdade sindical) e no art. 9º[9] (que assegura o direito à greve).

## 2.2. Direitos sociais na história: das revoluções ao International Bill of Rights

Os direitos sociais enquanto direitos humanos previstos nos tratados internacionais e enquanto direitos fundamentais consagrados nos textos

---

[7] "Art. 7º São direitos dos trabalhadores urbanos e rurais, além de outros que visem à melhoria de sua condição social: [...]
XXX — proibição de diferença de salários, de exercício de funções e de critério de admissão por motivo de sexo, idade, cor ou estado civil;
XXXI — proibição de qualquer discriminação no tocante a salário e critérios de admissão do trabalhador portador de deficiência;
XXXII — proibição de distinção entre trabalho manual, técnico e intelectual ou entre os profissionais respectivos[...]."
[8] "Art. 8º É livre a associação profissional ou sindical, observado o seguinte: [...]."
[9] "Art. 9º É assegurado o direito de greve, competindo aos trabalhadores decidir sobre a oportunidade de exercê-lo e sobre os interesses que devam por meio dele defender."

constitucionais, assim como todos os demais, não surgiram em uma única oportunidade. Pelo contrário, afirmaram-se ao longo da história, pois, consoante lembra Bobbio (1992, p. 5), os direitos não nascem ao acaso, frutos da vontade do ser humano ou por imposição do Estado:

> Do ponto de vista teórico, sempre defendi — e continuo a defender, fortalecido por novos argumentos — que os direitos do homem por mais fundamentais que sejam, são direitos históricos, ou seja, nascidos em certas circunstâncias, caracterizados por lutas em defesa de novas liberdades contra velhos poderes, e nascidos de modo gradual, não todos de uma vez e nem de uma vez por todas.

No presente tópico, far-se-á um breve estudo acerca da evolução histórica dos direitos sociais desde a Revolução Francesa até a realidade no cenário brasileiro contemporâneo.

### 2.2.1. As Revoluções Francesa e Industrial

A compreensão dos direitos sociais a partir da sua afirmação histórica positiva remonta à Europa dos séculos XVIII e XIX e às inúmeras transformações iniciadas nos séculos anteriores pelos iluministas. O Iluminismo tratou-se de movimento político e cultural, assentado no racionalismo, que criticava as concepções e dogmas tradicionais, sendo que, no campo jurídico, a crítica dava-se em razão da ausência de liberdade e de igualdade da sociedade diante dos poderes do soberano e da igreja (LIMA JÚNIOR, 2001, p. 14).

Essa insurgência deu vazão a grandes revoltas populares que marcaram a Europa, que foram a Revolução Francesa (inspirada nos ideais de liberdade, igualdade e fraternidade) e a Revolução Industrial (que teve origem no conjunto de transformações tecnológicas que fez surgir a cultura de massa).

Obviamente que, quando se fala de histórico dos direitos fundamentais, não se pode esquecer da Revolução Americana, cuja Declaração de Independência de 1776 é o primeiro documento a reconhecer direitos pertencentes a todos, independentemente das diferenças de sexo, raça, posição social e cultura (COMPARATO, 2003, p. 103).

Sob o ponto de vista da importância histórica, é imperioso referir que o lema que marcou a Revolução Francesa no século XVIII externou nos seus três princípios basilares — liberdade, igualdade e fraternidade — o conteúdo básico dos direitos fundamentais, sendo que, mais tarde, já no século XX, a evolução dos direitos fundamentais faria surgir outras gerações/dimensões.

É preciso enaltecer que as mulheres desempenharam um papel decisivo durante a Revolução Francesa. Durante os atos que culminaram na queda da bastilha, por exemplo, mulheres esfomeadas avançaram sobre Versalhes, tomando a iniciativa dos atos mais violentos na busca de alimento para os filhos (MURARO, 2000, p. 128).

Outrossim, é salutar registrar que a Revolução Francesa é o acontecimento histórico que marca os direitos de primeira dimensão, ou seja, os direitos civis e políticos, porquanto, da luta contra os abusos do regime absolutista, surge a liberdade como direito humano basilar.

Sob a influência das ideias dos pensadores iluministas (Locke, Montesquieu e Rousseau), ganha força o discurso liberal de cidadania, que visava a coibir os excessos do absolutismo. E os direitos humanos surgiam como a melhor resposta para se imporem limites aos abusos do Estado.

A Declaração de Direitos do Homem e do Cidadão de 1789 (*Declaration dês Droits de L'Homme ET Du Citoyen)*, que constitui o preâmbulo da primeira Constituição francesa, enumera como direitos fundamentais a liberdade, a propriedade, a segurança, o direito de resistência à opressão e os direitos políticos, devendo ser entendida como "instrumento positivador do Estado Democrático de Direito" (MORAES, 1997, p. 50).

É imperioso ressaltar que, nessa época, os direitos sociais econômicos e culturais estão ausentes, pois dependiam de uma atuação positiva do Estado, e, como visto alhures, a Declaração de Direitos do Homem e do Cidadão era caracterizada por ser eminentemente individualista, consagrando apenas e tão somente direitos individuais. Em contrapartida, os direitos civis e políticos, sob o valor da liberdade, solidificam-se no Estado Liberal que surge então.

A igualdade pregada à época era meramente formal, ou seja, a "igualdade perante a lei", a qual, como se viu mais tarde, traduziu-se em verdadeira "desigualdade", pois ser "igual" para contratar importava necessariamente na imposição de vontade do mais forte (empregador/burguesia) sobre o mais fraco (cidadão comum).

A aceitação do conceito "quem diz contratual diz justo" instituiu um novo tipo de escravidão, em que o indivíduo/trabalhador, abandonado pelo Estado, que o considerava livre e igual, passou a ser visto apenas como um meio de produção (VIANNA, 2005, p. 34).

Nesse período, como não poderia deixar de ser, as mulheres lutaram em vão no que diz respeito à situação de inferioridade em relação aos homens. Em 1971, Olympia de Gouges propôs à Assembleia Nacional da França um projeto de Declaração dos Direitos da Mulher com o propósito de promover uma igualdade de gênero. A consequência foi a condenação de Olympe, em 1793, como contrarrevolucionária cuja pena foi a morte na guilhotina (NOVAIS, 2004, p. 26).

Sobre esse fato histórico, Muraro (2000, p. 128) conta que:

> Quando finalmente a monarquia foi destronada, as novas cidadãs foram reivindicar os seus direitos junto a Assembleia do Povo. Esta redigira a Declaração dos Direitos do Homem, e as mulheres redigiram a Declaração dos Direitos da Mulher, mas quando sua autora, Olympia de Gouges, foi apresenta-la à Assembleia reunida, os deputados do povo responderam: "A Revolução Francesa é uma revolução dos homens. Não podemos conceder os Direitos da Mulher porque hoje foi o dia em que nasceram os direitos do homem"[...] E Olympia de Gouges, junto com Mme. Roland, foi decapitada pouco tempo depois [...]"

É possível identificar, ainda durante esse momento histórico, muita simpatia em favor de grupos não emancipados, o que pode ser evidenciado nas próprias autobiografias lançadas pelos escravos libertos. Todavia, a grande maioria dos abolicionistas quedou-se inerte em relacionar sua causa com os direitos das mulheres. Pelo contrário, pois os mesmos revolucionários franceses que assumiram posições públicas em favor dos protestantes, judeus e escravos se apunham ativamente contra a concessão de direitos às mulheres (HUNT, 2009, p. 67).

Exemplo disso foi que, em meados de 1790, um editorial jornalístico denominado "Sobre a admissão das mulheres ao direito da cidadania" chocou os seus leitores, sendo alvo de rumorosas críticas, ao tornar explícito o fundamento lógico dos direitos humanos que tinha se desenvolvido na segunda metade do século XVIII, no sentido de que as mulheres possuem as mesmas qualidades e características dos homens (HUNT, 2009, p. 171).

Assim, os direitos sociais só começam a ser reconhecidos na França, no século XIX, na Constituição da 2ª República. Discorrendo sobre o processo de afirmação histórica dos Direitos Sociais, na França, salienta Machado (2011, p. 93):

> [...] que o reconhecimento constitucional dos direitos sociais surgiu na França, no ano de 1848 (Constituição da 2ª República) e que, nesse caso, os direitos sociais reconhecidos diziam respeito, dentre outras coisas, à realização de obras públicas para absorver a mão de obra desocupada, à formação profissional e à igualdade entre patrões e operários (embora façamos observar aqui que, modernamente, os direitos sociais visam a proteger o trabalhador, partindo justamente de uma noção de desigualdade material em relação ao empregador e igualdade material e forma frente aos demais trabalhadores).

Outrossim, a contribuição da Inglaterra para a evolução dos direitos sociais, em especial do Direito do Trabalho, surge da revolução nos meios de produção pela invenção da máquina a vapor, que cria duas classes de interesses opostos: de um lado a classe proletária e, de outro, a classe capitalista.

Com o Estado Liberal da época, vivia-se sob a ditadura do capitalismo, que triunfava sobre a sociedade trabalhadora, abrigado no manto da "liberdade" e da "igualdade". Esse descompasso entre a igualdade jurídica e a desigualdade econômica acabou por se chocar com os interesses do próprio Estado Liberal que assistia ao perigo da ruína de suas estruturas pelos conflitos que agitavam a sociedade (VIANNA, 2005, p. 36).

Para os trabalhadores do sexo feminino, as primeiras décadas da Revolução Industrial foram de intenso sofrimento, já que as operárias eram vítimas de um brutal sistema de trabalho que incluía espancamentos e assédio sexual (CANTELLI, 2007, p. 81).

Segundo Muraro (2000, p. 129), neste período "a tendência a contrair tuberculose era quase quatro vezes maior entre as operárias do que entre a população normal. Isto porque, além de ganhar um terço do que ganhavam os homens, as mulheres praticamente davam a comida disponível para os homens e as crianças".

Das lutas promovidas pela classe operária, desperta a consciência de que os interesses individuais deveriam abrir espaço para os interesses coletivos, nos quais o Estado tem um papel importante em promover um equilíbrio entre as classes opostas, assumindo uma postura ativa no sentido de limitar o interesse individual em nome do interesse público.

Como salienta Novais (2005, p. 27), "é neste momento histórico, no qual a Revolução Industrial coloca em prova as perversas leis naturais do mercado, que a igualdade começa a ser pensada em termos de igualdade de chances ou igualdade de oportunidades."

O Estado, então, passa a exercer o seu verdadeiro papel, assumindo a condição de agente de proteção e de equilíbrio. A Europa começa a vivenciar as primeiras medidas legais de proteção do interesse coletivo, como, por exemplo, a proibição da prisão por dívidas e a impenhorabilidade do salário na França, a diminuição da jornada de trabalho (*Factory act* de 1844), a proibição do trabalho da mulher em subterrâneos (*Mining Act* de 1842), a estipulação de carga semanal em 55:30 horas na indústria têxtil e em 60:00 horas nas outras fábricas (*Factory ans workshop act* de 1878), a limitação da idade e a inspeção nas fábricas na Inglaterra. Eis, então, o embrião do Direito do Trabalho.

### 2.2.2. A Declaração dos Direitos do Povo Trabalhador e Explorado da Rússia de 1918

Notadamente depois da Primeira Guerra Mundial[10], ao lado do discurso liberal, emerge o discurso social de cidadania e, sob a influência da concepção marxsista-leninista, é elaborada a Declaração dos Direitos do Povo Trabalhador da Rússia (até então República Soviética Russa), a qual se notabiliza para transição da "liberdade" para a "igualdade"[11].

Aliás, é importante referir que o primado da igualdade é a marca das Constituições do início do século XX (Constituição de Weimar de 1919 e a Constituição Mexicana de 1917). Assim, a igualdade é direito basilar e o Estado é o agente transformador, o ente próprio para proporcionar ao cidadão o acesso aos direitos sociais, econômicos e culturais.

A Declaração dos Direitos do Povo Trabalhador e Explorado que foi incorporada na Constituição da Rússia revolucionária tinha como características a inexistência de reconhecimento das garantias constitucionais dos direitos individuais, o estabelecimento de direito ao trabalhador, a consagração da solidariedade de todos os trabalhadores e explorados, a abolição da propriedade privada, a separação entre Igreja e Estado, a permissão de propaganda antirreligiosa e o asseguramento da liberdade de imprensa, associação e reunião (MORAES, 1997, p. 56).

Num contexto geral, a Revolução Russa trouxe inúmeros benefícios paras as mulheres, na medida em que a secularização do casamento e o desaparecimento da onipotência marital pôs fim à concepção tradicional de família, na qual a mulher exercia um papel inferior ao homem (CANTELLI, 2007, p. 96).

Na sequência da evolução histórica, tem-se a contribuição da Constituição mexicana de 1917 e da Constituição de Weimar de 1919, que serão analisadas no próximo tópico.

### 2.2.3. A Constituição mexicana de 1917 e a Constituição de Weimar de 1919

A Constituição Política dos Estados Unidos Mexicanos, de 05 de fevereiro de 1917, tem sua importância histórica assegurada por ser a primeira Consti-

---

(10) Sobre a consequência imediata do término da Primeira Guerra Mundial sobre o trabalho feminino, CANTELLI [2007, p. 94] salienta que, "Com o fim da Primeira Guerra Mundial, milhões de soldados voltaram para suas cidades, provocando um excesso de mão de obra. Consequentemente, a Europa foi invadida por uma onda conservadora, cujo lema era: "o lugar da mulher é dentro de casa".

(11) Como lembra HOBSBAWN [2008, p. 437] "os movimentos socialistas do século XIX e do século XX — especialmente em seus primeiros dias — forneceram, desta forma, um dos poucos ambientes nos quais, por exemplo, as mulheres emancipadas, os judeus e as pessoas de cor podiam esperar ser aceitas, por seus méritos, como seres humanos, e não sofrer discriminação formal: talvez o único ambiente deste tipo para que os que não tivessem, muito dinheiro, nem boas ligações da família".

tuição Social mundial, destacando-se pelo rol de direitos do trabalhador e por preconizar o interesse público como condicionante para o exercício do direito de propriedade, sendo considerada por muitos como o marco consagrador da nova concepção dos direitos fundamentais.

Todavia, como salienta Ferreira Filho (2011, 64), não há razão para isso, pois

> [...] o que essa Carta apresenta como novidade é o nacionalismo, a reforma agrária e a hostilidade em relação ao poder econômico, e não propriamente o direito ao trabalho, mas um elenco dos direitos do trabalhador (Título VI).

> Trata-se, pois, de um documento que inegavelmente antecipa alguns desdobramentos típicos do direito social. Nem de longe, todavia, espelha a nova versão dos direitos fundamentais.

Nas questões de gênero, o texto constitucional mexicano além de especificar a igualdade entre os sexos (*el varón y la mujer son iguales ante la Ley*), declinava uma série de medidas protetivas em prol da família.

Já a Constituição de Weimar[12] (Constituição da República Alemã), de 14 de agosto de 1919[13], é a segunda Constituição social mundial, porém, diante dos argumentos antes mencionados, é considerada a mais importante e relevante das cartas constitucionais do início do século XX, adquirindo dimensão universal e notabilizando-se por delimitar a transição do constitucionalismo liberal dos séculos anteriores para o constitucionalismo social que marcou o século XX (MORAES, 1997, p. 58).

A Constituição da República Alemã, que foi a primeira a enunciar uma ordem econômica e social, traz como principais inovações o direito de propriedade cuja fruição estava subordinada ao interesse geral, à participação dos trabalhadores na administração das empresas, em determinadas circunstâncias, a previsão de formulação de uma legislação uniforme de Direito do Trabalho, a liberdade de associação, visando à melhoria das condições de trabalho e previsão acerca da necessidade de formulação de um amplo sistema de seguros ao trabalhador (MORAES, 1997, p. 59), o que passa a ser efetivamente implementado a partir da Declaração Universal de Direitos Humanos de 1948.

---

(12) Leva esse nome em alusão ao local em que a Assembleia Constituinte reuniu-se para a elaboração da Constituição: a cidade independente de Weimar.
(13) Segundo RICHARD [1988, p. 54], "oficialmente, a nova constituição foi promulgada pelo presidente Ebert a 11 de agosto de 1919".

Para a questão da isonomia de gênero, destaca-se na Constituição de Weimar o direito à igualdade (art. 109) e a igualdade cívica entre homens e mulheres (art. 109, § 1º).

### 2.2.4. A Declaração Universal de Direitos Humanos

A Segunda Guerra Mundial foi o vetor responsável pelo processo de internacionalização dos direitos humanos, sendo o motivo para o surgimento de inúmeras organizações internacionais com o propósito de promover a cooperação internacional. Dessa maneira, a partir de então, a relação de um Estado para com os seus nacionais passou a ser uma questão de importância internacional.

A criação das Nações Unidas em 1945 (setorizada em diversos órgãos) inaugurou uma nova ordem internacional, pela qual, por meio da cooperação internacional, busca-se a manutenção da paz e da segurança e a assistência recíproca para a efetivação de direitos econômicos, sociais e culturais. Tem, portanto, como objetivo precípuo, a proteção "dos direitos humanos e das liberdades fundamentais", que, por sua vez, são elencadas em 1948 na Declaração Universal de Direitos Humanos (MINISTÉRIO DA JUSTIÇA, 1948).

Nitidamente se percebe que a Declaração, elaborada sob o choque da comunidade internacional com os horrores da Segunda Guerra Mundial, buscou uma retomada dos ideais de liberdade, igualdade e fraternidade da Revolução Francesa, passando agora a apresentá-los no âmbito universal (GORCZEVSKI, 2005, p. 85).

A Declaração Universal dos Direitos Humanos, aprovada de forma unânime por 48 Estados, foi adotada em 10 de dezembro de 1948. Pode ser caracterizada por sua amplitude (conjunto de direitos essenciais para o desenvolvimento pleno do ser humano), por sua universalidade (aplicável a todas as pessoas de todos os países) e por sua indivisibilidade (no sentido de conjugar os direitos civis e políticos com os direitos econômicos, culturais e sociais).

A característica da indivisibilidade é de suma importância na medida em que põe fim à dicotomia até então existente entre os direitos de primeira (arts. 3 e 21) e de segunda dimensão (arts. 22 a 28[14]), combinando o discurso liberal com o discurso social (PIOVESAN, 2009, p. 142).

No campo dos direitos sociais, a declaração assegura o trabalho em condições justas e favoráveis, a proteção contra o desemprego, a remuneração

---

(14) Artigo XXII.
Toda pessoa, como membro da sociedade, tem direito à segurança social e à realização, pelo esforço nacional, pela cooperação internacional e de acordo com a organização e recursos de cada Estado, dos direitos econômicos, sociais e culturais indispensáveis à sua dignidade e ao livre desenvolvimento da sua personalidade.

digna, a liberdade sindical, o repouso, o lazer, as férias, a educação, a cultura e a segurança social.

A despeito de não ser um tratado em seu sentido formal, mas sim uma resolução da ONU, inegavelmente possui força jurídica vinculante na medida em que promove o reconhecimento, de forma universal, dos direitos humanos e das liberdades fundamentais mencionadas na Carta das Nações Unidas, sendo considerada, assim, a "interpretação autorizada da expressão direitos humanos", nela referida (PIOVESAN, 2009, p. 146).

Como não poderia deixar de ser, no que diz respeito à discriminação de gênero, o papel significante desempenhado pela Declaração Universal dos Direitos Humanos centralizou-se na reafirmação da igualdade de todo o ser humano, enquanto vetor da ratificação da dignidade da pessoa humana, porquanto, consoante tratado acima, o grande legado da Segunda Guerra Mundial foi demonstrar que a superioridade de determinado grupo

---

Artigo XXIII.
1. Toda pessoa tem direito ao trabalho, à livre escolha de emprego, a condições justas e favoráveis de trabalho e à proteção contra o desemprego.
2. Toda pessoa, sem qualquer distinção, tem direito a igual remuneração por igual trabalho.
3. Toda pessoa que trabalhe tem direito a uma remuneração justa e satisfatória, que lhe assegure, assim como à sua família, uma existência compatível com a dignidade humana, e a que se acrescentarão, se necessário, outros meios de proteção social.
4. Toda pessoa tem direito a organizar sindicatos e neles ingressar para proteção de seus interesses.
Artigo XXIV
Toda pessoa tem direito a repouso e lazer, inclusive a limitação razoável das horas de trabalho e férias periódicas remuneradas.
Artigo XXV
1. Toda pessoa tem direito a um padrão de vida capaz de assegurar a si e a sua família saúde e bem estar, inclusive alimentação, vestuário, habitação, cuidados médicos e os serviços sociais indispensáveis, e direito à segurança em caso de desemprego, doença, invalidez, viuvez, velhice ou outros casos de perda dos meios de subsistência fora de seu controle.
2. A maternidade e a infância têm direito a cuidados e assistência especiais. Todas as crianças nascidas dentro ou fora do matrimônio, gozarão da mesma proteção social.
Artigo XXVI
1. Toda pessoa tem direito à instrução. A instrução será gratuita, pelo menos nos graus elementares e fundamentais. A instrução elementar será obrigatória. A instrução técnico-profissional será acessível a todos, bem como a instrução superior, esta baseada no mérito.
2. A instrução será orientada no sentido do pleno desenvolvimento da personalidade humana e do fortalecimento do respeito pelos direitos humanos e pelas liberdades fundamentais. A instrução promoverá a compreensão, a tolerância e a amizade entre todas as nações e grupos raciais ou religiosos, e coadjuvará as atividades das Nações Unidas em prol da manutenção da paz.
3. Os pais têm prioridade de direito na escolha do gênero de instrução que será ministrada a seus filhos.
Artigo XXVII
1. Toda pessoa tem o direito de participar livremente da vida cultural da comunidade, de fruir as artes e de participar do processo científico e de seus benefícios.
2. Toda pessoa tem direito à proteção dos interesses morais e materiais decorrentes de qualquer produção científica, literária ou artística da qual seja autor.

sobre outro põe em risco a sobrevivência da humanidade como um todo (COMPARATO, 2003, p. 228).

No texto da Declaração, a questão envolvendo a igualdade e a não discriminação está expressamente descrita nos artigos II e VII, enunciando a igualdade de todo o ser humano sem distinção de qualquer espécie, sendo decorrência deste a proteção em face de qualquer discriminação.

A seguir, passa-se à análise do processo de "juridicialização", da Declaração Universal de Direitos Humanos.

### 2.2.5. O Pacto Internacional de Direitos Econômicos, Sociais e Culturais

Consoante assinalado no tópico anterior, sob o aspecto eminentemente formal, a Declaração Universal dos Direitos Humanos, por não se constituir em um tratado, não apresentaria força jurídica vinculante. Dessa forma, iniciou-se o que a doutrina chama de "juridicialização" da Declaração, que consistiu na elaboração de tratados juridicamente obrigatórios acerca dos direitos humanos previstos na declaração.

Esse processo iniciou-se em 1948, com a própria Declaração Universal dos Direitos Humanos, findando-se em 1966, com a elaboração do Pacto Internacional dos Direitos Civis e Políticos e o Pacto Internacional dos Direitos Econômicos, Sociais e Culturais, formando-se assim a Carta Internacional dos Direitos Humanos (*International Bill of Rights*).

Chama atenção um fato que aparentemente soa como um retrocesso, qual seja, que a festejada indivisibilidade consagrada na Declaração teria sofrido um revés quando da elaboração de dois tratados distintos, um para os direitos de primeira dimensão e outro para os direitos de segunda dimensão.

Essa questão polêmica foi muito discutida à época e a justificativa para tal tratamento era de que a elaboração de dois pactos distintos fazia-se necessária porque, enquanto os direitos civis e políticos eram autoaplicáveis, os direitos sociais, econômicos e sociais demandavam realização progressiva (PIOVESAN, 2009, p. 163).

No caso, interessa a análise do Pacto Internacional dos Direitos Econômicos Sociais e Culturais (PIDESC), que entrou em vigor em 1976, sendo até hoje o primeiro e único instrumento jurídico de abrangência genérica a conferir *status* jurídico vinculante e obrigatório, no âmbito universal, aos direitos de segunda dimensão (ALVES, 1997, p. 44).

Da análise de seu texto, depreende-se que basicamente discrimina o rol dos direitos econômicos, sociais e culturais existentes na Declaração Universal de Direitos Humanos, citando-se como exemplo o direito ao trabalho em condições justas e favoráveis (art. 6º[15] e 7º[16]), a liberdade sindical (art. 8º[17]), o direito à previdência social (art. 9º[18]) e o direito à educação e à cultura (art. 11[19] e 12[20]) (BRASIL, 1992).

No que diz respeito aos direitos da mulher, o PIDESC assegura a homens e mulheres igualdade plena na fruição sobre o rol de direitos enunciados, afirmando a igualdade de todos e a proteção contra a discriminação.

O papel ativo do Estado, que é a ideia central que norteia os direitos de segunda dimensão, pode ser identificado no preâmbulo do tratado que fundamenta a sua criação, ao reconhecer que "o ideal do ser humano livre,

---

(15) "1. Os Estados Partes do Presente Pacto reconhecem o direito ao trabalho, que compreende o direito de toda pessoa de ter a possibilidade de ganhar a vida mediante um trabalho livremente escolhido ou aceito, e tomarão medidas apropriadas para salvaguarda esse direito."
"2. As medidas que cada Estado parte do presente pacto tomará a fim de assegurar o pleno exercício desse direito deverão incluir a orientação e a formação técnica e profissional, a elaboração de programas, normas e técnicas apropriadas para assegurar um desenvolvimento econômico, social e cultural constante e o pleno emprego produtivo em condições que salvaguardem aos indivíduos o gozo das liberdades políticas e econômicas fundamentais."
(16) "Os Estados Partes do presente pacto o reconhecem o direito de toda pessoa de gozar de condições de trabalho justas e favoráveis, que assegurem especialmente:
a) uma remuneração que proporcione, no mínimo, a todos os trabalhadores:
i) um salário eqüitativo e uma remuneração igual por um trabalho de igual valor, sem qualquer distinção; em particular, as mulheres deverão ter a garantia de condições de trabalho não inferiores às dos homens e receber a mesma remuneração que ele por trabalho igual;
ii) uma existência decente para eles e suas famílias, em conformidade com as disposições do presente Pacto.
b) a segurança e a higiene no trabalho;
c) igual oportunidade para todos de serem promovidos, em seu trabalho, à categoria superior que lhes corresponda, sem outras considerações que as de tempo de trabalho e capacidade;
d) o descanso, o lazer, a limitação razoável das horas de trabalho e férias periódicas remuneradas."
(17) "1. Os Estados Partes do presente pacto comprometem-se a garantir:
a) o direito de toda pessoa de fundar com outras sindicatos e de filiar-se ao sindicato de sua escolha, sujeitando-se unicamente aos organização interessada, com o objetivo de promover e de proteger seus interesses econômicos e sociais. O exercício desse direito só poderá ser objeto das restrições previstas em lei e que sejam necessárias, em uma sociedade democrática, no interesse da segurança nacional ou da ordem pública, ou para proteger os direitos e as liberdades alheias;
b) o direito dos sindicatos de formar federações ou confederações nacionais e o direito desta de formar organizações sindicais internacionais ou de filiar-se às mesmas;
c) o direito dos sindicatos de exercer livremente suas atividades, sem quaisquer limitações além daquelas previstas em lei e que sejam necessárias, em uma sociedade democrática, no interesse da segurança nacional ou da ordem pública, ou para proteger os direitos e as liberdades das demais pessoas;
d) o direito de greve, exercido de conformidade com as leis de cada país."
(18) "Os Estados Partes do presente Pacto de toda pessoa à previdência social, inclusive ao seguro social."
(19) "Os Estados Partes do presente Pacto reconhecem o direito de toda pessoa a nível de vida adequado para si próprio e sua família, inclusive à alimentação, vestimenta e moradia adequadas, assim como a uma melhoria contínua de suas condições de vida. Os Estados Partes tomarão medidas apropriadas para assegurar a consecução desse direito, reconhecendo, nesse sentido, a importância essencial da cooperação internacional fundada no livre consentimento."
(20) "Os Estados Partes do presente Pacto reconhecem o direito de toda pessoa desfrutar o mais elevado nível possível de saúde física e mental."

liberto do temor e da miséria, não pode ser realizado a menos que se criem condições que permitam a cada uma gozar de seus direitos econômicos, sociais e culturais assim como de seus direitos civis e políticos" (BRASIL, 1992).

O PIDESC ingressou no direito pátrio por meio do Decreto n. 591, de 06 de julho de 1992, obrigando-se, a partir de então, o sistema de monitoramento, via relatório, à comunidade internacional sobre a situação dos direitos de segunda dimensão e as medidas tomadas para a sua efetivação no plano interno.

### 2.3. *A realidade brasileira: a evolução através das Constituições*

Ao se falar em direitos sociais no Brasil, é preciso recorrer à velha retórica de que o "país sempre chega atrasado nas grandes questões colocadas no mundo moderno" (LIMA JÚNIOR, 2001, p. 48).

Nesse sentido, tanto a Constituição Imperial de 1824 quanto a Constituição Republicana de 1891 garantiam apenas determinados direitos civis e políticos como, por exemplo, o sufrágio direto para eleição de deputados, senadores, presidente e vice-presidente da República, a liberdade de reunião e de associação e a abolição da pena de morte.

Por isso, os primeiros passos atinentes ao seu processo afirmativo são dados apenas a partir da Revolução de 1930, com a tomada do poder por Getúlio Vargas que inicia um governo populista por meio de decretos-lei.

A legislação que se seguiu à Revolução de 1930 assegurou módicos direitos sociais, impedindo a expansão das massas de trabalhadores por intermédio de um Estado intervencionista e paternalista, que, em favor dos interesses hegemônicos da sociedade, tratou de colocar os sindicatos em posição de dependência em relação ao poder do Estado (LIMA JÚNIOR, 2001, p. 50).

Sobre os poucos direitos sociais concedidos à época, obtidos como "dádiva do Estado", Wolkmer (1989, p. 34) salienta que devem ser vistos "muito mais como manobra e expressão da supremacia social revolucionária de um Estado autoritário modernizante, do que produto e conquista histórica de uma sociedade nacional burguesa solidificada".

Nesse contexto, a Constituição de 1934, em termos gerais, apresentou um retrocesso com relação aos direitos humanos como um todo, porquanto o Congresso Nacional e as Câmaras Municipais foram dissolvidos, a magistratura perdeu suas garantias, suspenderam-se as franquias constitucionais e o *habeas corpus* ficou restrito a réus ou a acusados em processos de crimes comuns.

No campo dos direitos sociais, há uma ausência de preocupação com relação a questões importantes como, por exemplo, a educação, a saúde e a pobreza, de modo que as primeiras conquistas sociais limitaram-se a uma legislação trabalhista e previdenciária. Nesse sentido, pode-se destacar: a proibição de diferença de salário para um mesmo trabalho, por motivo de idade, sexo, nacionalidade ou estado civil; salário mínimo; limitação da jornada diária de trabalho em 8 horas; proibição de trabalho a menores de 14 anos e de trabalho noturno a menores de 16 anos; indenização ao trabalhador dispensado sem justa causa; assistência médica e sanitária ao trabalhador e à gestante; regulamentação do exercício de todas as profissões e o reconhecimento das convenções coletivas de trabalho (LIMA JÚNIOR, 2001, p. 54).

Na sequência, os anos que antecederam o Estado Novo e a Constituição Federal de 1937 foram agitados, marcados por revoluções operárias, com greves e paralisações nos grandes centros, conflitos entre antifascistas e integralistas e o surgimento da Aliança Nacional Libertadora (movimento de conteúdo nacionalista que pregava a nacionalização de empresas estrangeiras, a suspensão do pagamento da dívida externa, a reforma agrária etc.) (CERQUEIRA, 1997, p. 64-65).

Além disso, o levante do Partido Comunista Brasileiro, em novembro de 1935 (Intentona Comunista), "abriu caminho para violentas medidas repressivas e para a escalada autoritária que iria desembocar no Estado Novo" (CERQUEIRA, 1997, p. 65).

A Carta do Estado Novo, influenciada pela polonesa de 1935, redigida pelo jurista Francisco Campos, caracterizou-se pelo aniquilamento das liberdades civis e políticas, com a criação dos polêmicos Tribunais de Exceção, que tinham competência para julgar os crimes contra a segurança do Estado, e pelo restabelecimento da pena de morte.

Os direitos de segunda dimensão até então existentes foram preservados, porém sob vigilância do poder presidencial. No que diz respeito aos direitos trabalhistas, estes mantidos, receberam influência da "Carta Del Lavoro" italiana, de acentuado cunho positivista (CERQUEIRA, 1997, p. 70).

Em contrapartida, a Constituição de 1946 marcou a redemocratização do país com a restauração dos direitos e garantias individuais. Consubstanciada no princípio kantiano de que o Estado não é um fim em si mesmo, mas meio para o fim, e esse fim seria o homem, baseou-se nas duas primeiras constituições repúblicas para os direitos de primeira dimensão, e na Constituição de 1934 para os direitos de segunda dimensão com o acréscimo do direito de greve e um capítulo dedicado à educação e à cultura (GORCZEVSKI, 2009, p. 191).

Claro que essa Constituição sofreu vários golpes, e a vigência de inúmeros artigos foi suspensa por muitas vezes por força dos Atos Institucionais de 9 de abril de 1964 (AI1 e o AI2), que significaram a imersão do país no período mais trágico de sua história: a ditadura militar.

Em 24 de janeiro de 1967, é promulgada a Constituição da Revolução, a qual, preocupada unicamente com a "segurança nacional", tratou de aumentar os poderes da União e do Presidente da República, restringindo a autonomia individual e suspendendo os direitos e as garantias constitucionais (GORCZEVSKI, 2009, p. 192).

Essa Constituição teve vida curta, uma vez que, em 17 de outubro de 1969, os ministros da Marinha, do Exército e da Aeronáutica, que na época estavam governando o país, promulgaram a Constituição Federal de 1969, que, apesar de vigorar com nova redação, tratou de conter e de repetir os mesmos dispositivos da Carta anterior.

Apenas na década de 80, com aumento dos movimentos sociais, como, por exemplo, o "Diretas Já", e o empenho da sociedade para a restauração do direito a participação política, o período totalitário encerrou a sua triste participação na história brasileira. Em 1985, é aprovada a Emenda Constitucional n. 26, que prevê a convocação de uma Assembleia Constituinte. E, em 1988, é promulgada a Constituição da República Federativa do Brasil, denominada de "constituição cidadã" pelo então presidente da Assembleia Nacional Constituinte, o deputado Ulisses Guimarães (GORCZEVSKI, 2009, p. 198).

A Constituição de 1988, além do amplo catálogo de direitos fundamentais, tratou de restabelecer o pacto federativo, conferindo aos Estados-membros considerável autonomia; adotou a tripartição dos poderes; estendeu o direito de voto para os analfabetos, para os maiores de dezesseis e menores de dezoito anos e previu três novos remédios constitucionais: o *habeas data*, o mandado de segurança coletivo e o mandado de injunção (FERREIRA FILHO, 2011, p. 172).

No campo dos direitos fundamentais, três características marcam a Constituição de 1988: a) é analítica[21]: em razão de seu extenso número de dispositivos legais; b) é pluralista: por acolher e conciliar reivindicações de todas as classes; e c) é programática: em virtude do grande número de disposições de ordem programática e dirigente, tendo em vista a existência de inúmeros dispositivos dependentes de regulamentação legislativa (SARLET, 2007, p. 78).

---

(21) Essa amplitude, apesar de positiva, também merece ser criticada, pois, segundo SARLET (2007, p. 81), "no rol dos direitos fundamentais foram incluídas diversas posições jurídicas de 'fundamentalidade' ao menos discutível, conduzindo — como se tem verificado a longo doas anos — a um desprestígio do especial *status* gozado pelos direitos fundamentais" [...].

Os direitos fundamentais positivados na CF/88 possuem nítida influência dos tratados internacionais, em especial do Pacto Internacional dos Direitos Civis e Políticos e do Pacto Internacional sobre Direitos Econômicos, Sociais e Culturais, prevendo em seu art. 4º[22], como princípio a ser seguido nas relações internacionais, o "direito à autodeterminação", a "não intervenção", a "igualdade entre os estados", a "solução pacífica dos conflitos, a "defesa da paz", o "repúdio ao terrorismo e ao racismo", a "cooperação entre os povos para o progresso da humanidade" e a "concessão de asilo político".

Merece destaque ainda o fato de que a carta constitucional de 1988 inovou ao incluir na lista de direitos fundamentais, além dos direitos civis e políticos, os direitos sociais, demonstrando que o constituinte pátrio adotou o princípio da indivisibilidade e interdependência dos direitos humanos. Como consequência, tem-se que os direitos de segunda dimensão são cláusulas pétreas da Constituição[23] (LIMA JÚNIOR, 2001, p. 58).

Para Sarlet (2007, p. 79),

> A acolhida dos direitos fundamentais sociais em capítulo próprio no catálogo dos direitos fundamentais ressalta, por sua vez, de forma incontestável sua condição de autênticos direitos fundamentais já que nas Cartas anteriores os direitos sociais se encontravam positivados no capítulo da ordem econômica e social, sendo-lhes, ao menos em princípio e ressalvadas algumas exceções, reconhecido caráter meramente programático, enquadrando-se na categoria das normas de eficácia limitada.

---

(22) "Art. 4º A República Federativa do Brasil rege-se nas suas relações internacionais pelos seguintes princípios:
I — independência nacional;
II — prevalência dos direitos humanos;
III — autodeterminação dos povos;
IV — não-intervenção;
V — igualdade entre os Estados;
VI — defesa da paz;
VII — solução pacífica dos conflitos;
VIII — repúdio ao terrorismo e ao racismo;
IX — cooperação entre os povos para o progresso da humanidade;
X — concessão de asilo político.
Parágrafo único. A República Federativa do Brasil buscará a integração econômica, política, social e cultural dos povos da América Latina, visando à formação de uma comunidade latino-americana de nações."
(23) "Art. 60 A Constituição poderá ser emendada mediante proposta: [...]
§ 4º — Não será objeto de deliberação a proposta de emenda tendente a abolir:
I — a forma federativa de Estado;
II — o voto direto, secreto, universal e periódico;
III — a separação dos Poderes;
IV — os direitos e garantias individuais.
§ 5º — A matéria constante de proposta de emenda rejeitada ou havida por prejudicada não pode ser objeto de nova proposta na mesma sessão legislativa."

No art. 6º[24] da CF/88, estão delineados pelo menos cinco direitos básicos mínimos e nucleares do indivíduo, sem os quais não há como assegurar uma vida digna, quais sejam: salário mínimo, trabalho, assistência social, previdência social, saúde e moradia.

Esses direitos sociais são mínimos não apenas para assegurar a mera sobrevivência física do indivíduo, mas, sim e sobretudo, para garantir uma sobrevivência dentro de padrões elementares de dignidade, que, forçoso salientar, constitui um dos princípios fundamentais da ordem constitucional brasileira, consoante previsto no art. 1º, inc. III, da CF/88[25], e finalidade precípua da ordem econômica, segundo preconizado no art. 170[26], *caput*, da carta (SARLET, 2007, p. 330).

Ademais, além dos direitos trabalhistas elencados no art. 7º da CF/88, os valores econômicos, sociais e culturais são amplamente positivados, como, por exemplo, a política urbana e a política agrária (arts. 182, 183 e 184 a 191), a educação (Capítulo III), a seguridade social (Título VIII), o respeito à cultura (arts. 215 e 216) e o incentivo ao desenvolvimento científico e tecnológico (arts. 218 e 219).

Por tudo o quanto acima delineado, é possível afirmar que a CF/88 constitui o ponto alto do direito brasileiro na afirmação dos direitos fundamentais, sobretudo dos direitos econômicos, sociais e culturais, os quais constituem um verdadeiro sistema dentro da Carta[27], aberto e flexível, receptivo a novos valores que se tornam fundamentais pela evolução da sociedade.

---

(24) "Art. 6º São direitos sociais a educação, a saúde, a alimentação, o trabalho, a moradia, o lazer, a segurança, a previdência social, a proteção à maternidade e à infância, a assistência aos desamparados, na forma desta Constituição."

(25) "Art. 1º A República Federativa do Brasil, formada pela união indissolúvel dos Estados e Municípios e do Distrito Federal, constitui-se em Estado Democrático de Direito e tem como fundamentos:

I — a soberania;

II — a cidadania;

III — a dignidade da pessoa humana;

IV — os valores sociais do trabalho e da livre iniciativa;

V — o pluralismo político."

(26) "Art. 170. A ordem econômica, fundada na valorização do trabalho humano e na livre iniciativa, tem por fim assegurar a todos existência digna, conforme os ditames da justiça social, observados os seguintes princípios: [...]."

(27) Sobre o tema, Sarlet (2007, p. 87) assevera que, "além de no mínimo uma relativa unidade de conteúdo (ou, se quisermos, do reconhecimento de certos elementos comuns), o princípio da aplicabilidade imediata das normas definidoras de direitos e garantias fundamentais, bem como sua proteção reforçada contra a ação erosiva do legislador, podem ser considerados elementos identificadores da existência de um sistema de direitos fundamentais também no direito constitucional pátrio, caracterizado por sua abertura e autonomia relativa no âmbito do próprio sistema constitucional que integra".

## 2.4. Aspectos identificadores e diferenciadores entre os direitos fundamentais individuais e os direitos sociais

Como último tópico a ser considerado no presente capítulo, importante realizar-se um breve estudo comparativo entre os direitos de primeira dimensão e os direitos de segunda dimensão, destacando-se os aspectos identificadores e diferenciadores entre as categorias.

### 2.4.1. Dos traços identificadores entre as categorias

Em primeiro lugar, tratar-se-á de abordar os aspectos identificadores entre os direitos fundamentais individuais (direitos de primeira geração) e os direitos sociais (direitos de segunda dimensão). Importante registrar que, assim como é difícil conceituar os direitos fundamentais, estabelecer os caracteres que sejam sempre válidos em todo e qualquer lugar também se mostra uma tarefa árdua.

Como bem salienta Hesse (1996, p. 85-85),

> [...] as soluções oscilam desde a regulação por um catálogo minucioso de direitos fundamentais na Constituição (como acontece na Alemanha), ou remeter-se a uma declaração histórica de direitos humanos (como na França), até reconhecer vigência aos direitos fundamentais como garantias não escritas (como ocorre essencialmente na Grã--Bretanha.

É importante salientar que, em que pese universais, a sua validez não supõe uniformidade, tendo em vista a influência de inúmeros fatores extrajurídicos, como, por exemplo, a história, a cultura e o nível de desenvolvimento das nações (MENDES, 2008, p. 239).

Por isso, no presente estudo, optou-se por trazer à baila as características mais comuns apontadas pela doutrina em geral, sobre as quais se passa a brevemente discorrer.

#### 2.4.1.1. Fundamentalidade

Os direitos fundamentais, no seu processo de positivação, são assinalados no topo das fontes do direito, que são as normas constitucionais. A fundamentalidade está associada tanto à ideia de constitucionalização, quanto à ideia de conteúdo, ou seja, do que é constitutivo das estruturas básicas do Estado e da sociedade (CANOTILHO, 2003, p. 377-79).

Conforme Rothenburg (2000, p. 147-48),

> Os direitos fundamentais constituem a base (axiológica e lógica) sobre a qual se assenta um ordenamento jurídico. [...]
>
> A fundamentalidade revela-se pelo conteúdo do direito (o que é dito: referência aos valores supremos do ser humano e preocupação com a promoção da dignidade da pessoa humana) e revela-se também pela posição normativa (onde e como é dito: expressão no ordenamento jurídico como norma da Constituição). [...]
>
> A nota da fundamentalidade é essencial para a revelação de direitos fundamentais fora do catálogo expresso na Constituição, permitindo uma interpretação extensiva.

Assim, denota-se que a nota de fundamentalidade pressupõe a proteção dos direitos fundamentais em um sentido formal e em um sentido material.

### 2.4.1.2. *Historicidade*

Como mencionado anteriormente, os direitos fundamentais não nascem todos de uma só vez, em uma única oportunidade, por obra do poder soberano ou de um ente superior.

Os direitos fundamentais são um conjunto de faculdades e de instituições que somente fazem sentido num determinado contexto histórico, de modo que o recurso à história faz-se necessário para sua melhor compreensão (MENDES, 2008, p. 241).

### 2.4.1.3. *Universalidade*

A ideia de universalidade possui dupla função: 1) está intimamente ligada à questão do respeito aos direitos fundamentais, independentemente da nacionalidade, sexo, raça, convicção política, religiosa ou filosófica; e 2) que todas as pessoas são titulares de direitos fundamentais e que a qualidade de ser humano constitui condição suficiente para a titularidade de tantos desses direitos (MENDES, 2008, p. 240).

Por óbvio que há direitos fundamentais de todos os homens e direitos fundamentais de determinados indivíduos, ou de categorias de indivíduos, como, por exemplo, o direito dos trabalhadores, dos consumidores etc.

### 2.4.1.4. *Absolutos*

No sentido de situarem-se no topo da hierarquia jurídica e de usufruírem prioridade sobre outros interesses, os direitos fundamentais são absolutos.

Há aqueles que sustentam essa característica sob a premissa de que seriam absolutos por não tolerarem restrição, o que não parece a melhor assertiva, tendo em vista que os direitos fundamentais podem, sim, sofrer restrição, como, por exemplo, nos casos de colisão de direitos fundamentais.

Os próprios instrumentos de Direitos Internacional admitem essa possibilidade, como é o caso do Art. 18 da Convenção de Direitos Civis e Políticos de 1966, da ONU[28], que limita a liberdade religiosa para fins de proteção da segurança, da ordem, da saúde, da moral pública ou dos direitos e liberdades das demais pessoas.

As limitações aos direitos fundamentais também podem ser vislumbradas na própria CF/88, especificamente no art. 5º, XXIII (direito à propriedade, desde que atenda à sua função social) e XLVII (pena de morte em caso de guerra).

### 2.4.1.5. Inalienabilidade/indisponibilidade

Por esta característica, entende-se que os direitos fundamentais excluem do próprio titular qualquer ato de disposição jurídica (compra e venda, doação, renúncia) ou material (destruição do bem). Isso porque o homem é um ser social, em interação com outros homens e que não se pode privar de sua dignidade.

Essa condição implícita dos direitos fundamentais "impede que o homem transfira qualquer um de seus direitos humanos, a título oneroso ou gratuito" (QUEIROZ, 2004, p. 45).

### 2.4.1.6. Constitucionalização

Eis aqui uma das principais características que distingue os direitos humanos dos direitos fundamentais.

Os direitos fundamentais são constituídos por regras e por princípios positivados constitucionalmente, cujo rol não está limitado aos direitos humanos, que visam a garantir a existência (ainda que minimamente) da pessoa, tendo sua eficácia assegurada pelos tribunais internos.

---

(28) "Art. 18 — 1. Toda pessoa terá direito à liberdade de pensamento, de consciência e de religião. Esse direito implicará a liberdade de ter ou adotar uma religião ou crença de sua escolha e a liberdade de professar sua religião ou crença, individual ou coletivamente, tanto pública como privadamente, por meio do culto, da celebração de ritos, de práticas e do ensino.
2. Ninguém poderá ser submetido a medidas coercitivas que possam restringir sua liberdade de ter ou de adotar uma religião ou crença de sua escolha.
3. A liberdade de manifestar a própria religião ou crença estará sujeita apenas às limitações previstas em lei e que se façam necessárias para proteger a segurança, a ordem, a saúde ou a moral públicas ou os direitos e as liberdades das demais pessoas."

Como visto alhures, o próprio texto constitucional adota essa condição, porquanto toda vez que faz alusão ao âmbito internacional fala em "direitos humanos", e, quando trata dos direitos que ela própria reconhece, chama-os de direitos fundamentais (Título II da CF/88 intitulado "Dos Direitos e Garantias Fundamentais") (GUERRA, 2012, p. 103).

### 2.4.1.7. Vinculação dos poderes públicos

Consubstanciado no fato de que os direitos fundamentais encontram-se positivados na CF/88, tem-se que servem de parâmetro de organização e de limitação dos poderes constituídos. Para Mendes (2008, p. 245), "os atos dos poderes constituídos devem conformidade aos direitos fundamentais e se expõem à invalidade se os desprezarem".

No caso específico do Poder Judiciário, a este cabe conferir máxima eficácia aos direitos fundamentais de maneira que, quando aplicar o direito público, o direito privado ou o direito estrangeiro, o papel dos preceitos constitucionais pode até variar, contudo, a vinculação dos julgadores deverá ser sempre a mesma (ANDRADE, 2001, p. 269).

### 2.4.1.8. Mútua dependência e complementaridade

Os direitos fundamentais relacionam-se uns com os outros, como no caso da liberdade de expressão e da liberdade de informação, das férias e do lazer, dentre outros.

Além disso, pela característica da complementaridade, os direitos fundamentais não podem ser interpretados isoladamente, mas, sim, dentro de todo o contexto que os envolve, para que alcancem os objetivos impostos pelo legislador constituinte (MORAES, 2011, p. 22).

### 2.4.1.9. Abertura e inexauribilidade

Na visão de Rothenburg (2000, p. 150), os direitos fundamentais são dotados de abertura "no sentido de que têm possibilidade de expandir-se (expansividade dos direitos fundamentais). A interpretação dos direitos fundamentais deve ser ampliativa, buscando a leitura mais favorável que deles se possa fazer."

No caso do direito pátrio, a regra de abertura está expressamente positivada no art. 5º, § 2º, da CF/88[29], o qual assevera que não apenas os direitos previstos no rol de direito do Título II são direitos fundamentais.

Assim, além dos direitos fundamentais positivados no Título II da Constituição, têm-se aqueles decorrentes do regime e dos princípios por ela adotados e aqueles decorrentes de tratados internacionais aprovados pelo Brasil na forma prevista no art. 5º, § 3º, da CF/88.

### 2.4.1.10. Perspectiva objetiva

Como já mencionado anteriormente, tanto os direitos fundamentais individuais como os direitos fundamentais sociais atuam como direitos de defesa, mas também reclamam uma ação por parte do Poder Público, no sentido de implementá-los e de desenvolvê-los.

Segundo Perez Luno (1995, p. 20), ao passo em que fornecem diretrizes para o Poder Público os direitos fundamentais na sua perspectiva objetiva possuem o condão de sistematizar o conteúdo axiológico do ordenamento democrático pelo que a maioria dos indivíduos fornecem o seu consentimento e condicionam seu dever de obediência ao direito.

### 2.4.1.11. Dimensão transindividual

Fala-se nessa dimensão dos direitos fundamentais no sentido de que à titularidade individualizada dos direitos de primeira dimensão e à titularidade grupal de segunda dimensão soma-se a titularidade transindividual dos direitos de terceira dimensão, vinculada à ideia de solidariedade.

### 2.4.1.12. Maximização ou efetividade

Essa característica pode ser explicada pelo dever de se procurar sempre extrair dos direitos fundamentais o máximo de conteúdo e de realização que possam oferecer a despeito das vicissitudes, como a ausência de regulamentação suficiente ou a não inclusão entre as prioridades políticas dos governantes (ROTHENBURG, 2000, p. 157).

---

(29) "Art. 5º [...] § 2º os direitos e garantias expressas nesta Constituição não excluem outros decorrentes do regime e dos princípios por ela adotados, ou dos tratados internacionais em que a República Federativa do Brasil seja parte."

#### 2.4.1.13. Imprescritibilidade

Diz-se serem imprescritíveis os direitos fundamentais no sentido de que não se perdem pelo decurso do tempo, haja vista que são conquistas históricas intimamente ligadas à dignidade da pessoa humana (MORAES, 2011, p. 22).

#### 2.4.1.14. Eficácia horizontal

O respeito aos direitos fundamentais é exigido também nas relações entre particulares. Inobstante ser mais fácil imaginar a eficácia horizontal no plano das liberdades individuais, inegavelmente é possível concluir-se pela eficácia horizontal, de forma direta, também com relação aos direitos sociais.

A eficácia horizontal consagra a ideia de que os direitos fundamentais consagram valores que são de responsabilidade de toda a comunidade, isto é, como se dirigem a todos, o compromisso com a sua concretização também é de todos (MORAIS, 2005, p. 1434).

A vinculação dos direitos fundamentais não pode ser somente discutida nas relações com o Estado, pois, diante de desigualdades sociais entre os particulares, a vinculação dos direitos fundamentais também nas relações privadas é plenamente exigível (ALMEIDA; EPPLE, 2012, p. 25).

Nesse sentido, Cruz (2000, p. 115) assevera:

> Os direitos fundamentais, em sua dupla vertente subjetiva e objetiva, constituem o fundamento de todo o ordenamento jurídico e são aplicáveis em todos os âmbitos de atuação humana de maneira imediata, sem intermediação do legislador. Por isso, as normas de direitos fundamentais contidas na Constituição geram, conforme a sua natureza e o teor liberal, direitos subjetivos dos cidadãos, oponíveis tanto aos poderes públicos como aos particulares.

No direito pátrio, em que pese a CF/88 não ter previsto a aplicação dos direitos fundamentais nas relações entre os particulares, preconizou o princípio da máxima eficácia dos direitos fundamentais, consagrado pelo art. 5º, § 1º, da CF/88, restando implícita, dessa forma, tal vinculação (SARLET, 2000, p. 139).

No próximo tópico, analisar-se-ão as distinções entre as duas categorias de direitos fundamentais.

### 2.4.2. Das distinções entre as categorias

Como visto no tópico anterior, os direitos fundamentais, quer sejam de primeira dimensão, quer sejam de segunda, quer sejam de terceira dimensão,

são vinculados por características comuns, as quais lhes conferem unidade de significado e sentido.

Contudo, além do aspecto conceitual, os direitos fundamentais sociais são dotados de peculiaridades singulares que os distinguem dos direitos individuais de primeira dimensão, consoante se disporá a seguir.

### 2.4.2.1. Os direitos sociais na medida da lei: dimensão programática

Para grande parte da doutrina, os direitos sociais, econômicos e culturais são normas programáticas na medida em que a Constituição Federal condensa, nessas normas, princípios definidores dos fins do Estado, de forma que a relevância de sua positivação consiste em pressionar o poder público a criar os pressupostos materiais indispensáveis ao exercício efetivo desses direitos (CANOTILHO, 2003, p. 474).

A dimensão programática dos direitos sociais, sob essa perspectiva, coloca-os na condição de meras "promessas", porquanto, vinculantes e dependentes de programas a serem desenvolvidos pelo Estado.

Assenta-se, nesse ponto, a grande diferença entre os direitos de defesa e os direitos sociais de natureza prestacional, na medida em que sua eficácia plena necessita de concretização legislativa, motivo pelo qual são positivados de maneira vaga e aberta. Por isso, costumeiramente são qualificados como "direitos relativos" ou "direitos na medida da lei", pois dependentes da atuação do legislador infraconstitucional (SARLET, 2007, p. 307).

Segundo Canotilho (2003, p. 481-82),

> Estes nunca legitimarão pretensões jurídicas originárias, isto é, pretensões derivadas directamente dos preceitos constitucionais. [...]
> Os direitos sociais dotados de conteúdo concreto serão os consagrados em normas das regulações legais. Não haverá um direito fundamental à saúde, mas um conjunto de direitos fundados nas leis reguladoras dos serviços de saúde (grifos no original).

Como corolário lógico, retira-se dos direitos sociais prestacionais a condição de autênticos direitos subjetivos por não gerarem, para seu titular, uma pretensão dedutível em juízo (SARLET, 2007, p. 308).

Em contrapartida, parte da doutrina prefere utilizar da expressão "normas constitucionais de cunho programático" (que abrange os programas, as finalidades a serem implementadas pelo Estado e as imposições dirigidas ao legislador), uma vez que, em que pese apresentarem uma baixa densidade normativa, são autênticas normas jurídicas, cuja necessidade de interpretação legislativa justifica-se tão somente pela questão da natureza competencial para a realização desses direitos (SARLET, 2007, p. 309-10).

Ademais, é importante salientar que mesmo os direitos fundamentais a prestações geram, ainda que minimamente, um direito subjetivo no sentido negativo para que o Estado, independentemente de concretização legislativa, abstenha-se de contrariar o conteúdo da norma que consagra o direito fundamental (SARLET, 2007, p. 315).

Cabe analisar, nesse ponto do trabalho, os limites da "reserva do possível" e do "mínimo existencial", para a efetividade dos direitos sociais.

### 2.4.2.2. O limite da "reserva do possível" e do "mínimo existencial"

Inegavelmente, os direitos sociais, ao contrário dos direitos de liberdade, demandam grandes disponibilidades financeiras por parte do Estado para serem implementados e garantidos, como, por exemplo, o caso da saúde, da moradia, da educação e do lazer.

Sob tais argumentos, criou-se a teoria da reserva do possível no sentido de que a existência dos direitos sociais depende da disponibilidade de recursos financeiros nos cofres públicos, isto é, a eficácia destes se vincula tanto à possibilidade quanto ao poder de disposição do destinatário da norma.

Assim, a reserva do possível apresenta-se como um limite jurídico e fático aos direitos fundamentais.

Todavia, correta a observação e a crítica de Canotilho (2003, p. 481), para quem "um direito social sob 'reserva dos cofres cheios' equivale a nenhuma vinculação jurídica".

Em contrapartida, para amenizar essa ausência de vinculação jurídica do Estado, imposta aos direitos de segunda dimensão pela reserva do possível, tem-se a garantia do "mínimo existencial", o qual determina ao Estado que assegure aos indivíduos, pelo menos, as condições mínimas essenciais para uma existência digna.

Para Torres (2003, p. 12), a teoria do mínimo existencial é valida pois,

> A jusfundamentalidade dos direitos sociais se reduz ao mínimo existencial, em seu duplo aspecto de proteção negativa contra a incidência de tributos sobre os direitos sociais mínimos de todas as pessoas e de proteção positiva consubstanciada na entrega de prestações estatais materiais em favor dos pobres. Os direitos sociais máximos devem ser obtidos na via do exercício da cidadania reivindicatória e da prática orçamentária, a partir do processo democrático. Esse é o caminho que leva à superação do primado dos direitos sociais prestacionais (ou

direitos a prestações positivas do Estado, ou direitos de crédito — *droit créance* — ou *Teilhabeechte*) sobre os direitos da liberdade que inviabilizou o Estado Social de Direito, e ao desfazimento da confusão entre direitos fundamentais e direitos sociais, que não permite a eficácia destes últimos sequer na sua dimensão mínima.

Sob esse prisma, conjugando-se as duas teorias, é possível verificar que a reserva do possível pode atuar, em determinadas situações, como garantia dos direitos fundamentais, na medida em que a indisponibilidade de recursos fica sujeita à observância do mínimo indispensável para a preservação do núcleo essencial dos direitos fundamentais sociais (SARLET, 2007, p. 304).

Efetivamente, a questão do mínimo existencial tem um lado positivo no que tange ao reconhecimento de que os direitos sociais possuem eficácia jurídica, e um lado negativo, haja vista que, em um sentido extremo, possibilitam que o ente público justifique sua omissão social com base em critério de política monetária (KRELL, 2002, p. 45).

Como salienta LEAL (2009, p. 105), a escassez de recursos não pode ser superdimensionada a ponto de se tornar o único elemento de balizamento na concretização dos direitos sociais, fazendo-se necessário que se acrescente ingredientes éticos e jurídicos para que o instrumental jurídico seja legitimado e permita que a evolução das condições econômicas e sociais possa beneficiar o maior número de pessoas possível.

Ademais, é preciso lembrar que o PIDESC, o qual, como visto alhures, encontra-se incorporado ao ordenamento jurídico brasileiro desde 1992, estabelece o compromisso dos Estados na máxima disponibilização de recursos para a implementação dos direitos sociais[30].

---

(30) "ARTIGO 2º [...]
1. Cada Estados Partes do presente Pacto comprometem-se a adotar medidas, tanto por esforço próprio como pela assistência e cooperação internacionais, principalmente nos planos econômico e técnico, até o máximo de seus recursos disponíveis, que visem assegurar, progressivamente, por todos os meios apropriados, o pleno exercício e dos direitos reconhecidos no presente Pacto, incluindo, em particular, a adoção de medidas legislativa."

# 3

## Dos direitos sociais do trabalho e o sistema juslaboral feminino

O Direito do Trabalho, ramo jurídico autônomo, não é uma ciência datada. É, ao contrário, fruto da evolução histórica da sociedade, plasmada em dor e em sofrimento, centrada na ideia de que, na luta entre o Capital e o Trabalho, o primeiro deve ser posto a serviço do segundo (LA CUERVA, 1965, p. 7).

Toda essa carga histórica que reveste o Direito do Trabalho faz com que, atualmente, tenha alargado seu campo de atuação em razão de sua importância na política e na economia, refletindo três dimensões nucleares da constituição de um povo: a) político-jurídica; b) a político-econômica; e, por último, c) a político-social, que redunda numa relação mútua entre o Direito político e o Direito laboral (SILVA NETO, 1998, p. 52).

Com base nesses elementos, propõe-se para o presente capítulo uma abordagem histórico-conceitual acerca dos direitos sociais trabalhistas na esfera internacional global e regional, assim como no cenário jurídico pátrio, com especial alusão à situação da mulher trabalhadora em cada um dos períodos abordados.

### 3.1. Marcos conceituais

Os direitos sociais referem-se ao conjunto de direitos e garantias que asseguram ao indivíduo um mínimo de bem-estar de acordo com os padrões de dignidade da pessoa humana que prevaleçam na sociedade. Definem-se como sendo faculdades que o Direito atribui às pessoas e aos grupos sociais, referentes a aspectos atinentes ao desenvolvimento integral dentro de uma comunidade de homens livres e, ainda, como garantias prestacionais frente aos poderes públicos (MARTINEZ, 1987, p. 15).

Embora o titular dos direitos sociais continue sendo o homem em sua individualidade, esses direitos são considerados em seu caráter social, já que destinados a assegurar à sociedade melhores condições de vida (GORCZEVSKI, 2009, p. 134).

O elemento peculiar que caracteriza os direitos sociais é que eles não se concretizam por já estarem organizados, respeitados e protegidos, pois dependem de ações estatais para a realização do programa social contido em cada um deles (HESSE, 1998, p. 170).

A CF/88 tratou dos Direitos Sociais nos citados arts. 6º e 7º, enunciando como tais os direitos à educação, à saúde, à alimentação, ao lazer, à moradia, à segurança, à previdência social, à proteção à maternidade e a infância, à assistência aos desamparados e ao trabalho.

Nesse contexto, é imperioso reafirmar que os direitos sociais são cláusulas pétreas (art. 60, § 4º, da CF/88), apresentando-se como valores superiores da ordem constitucional e jurídica, não se admitindo sua supressão ou erosão (LEAL, 2009, p. 37).

Dentre os valores fundamentais sociais acima elencados, particular interesse reside no presente estudo nos direitos trabalhistas previstos no art. 7º da CF/88, cujo rol, apesar de extenso, é meramente exemplificativo, como se denota da redação da parte final de referido diploma legal.

Os direitos sociais do trabalho são direitos públicos subjetivos que impõem ao Estado um dever programático mínimo a ser cumprido em termos de realização do projeto social, cujo conteúdo desdobra-se em direitos trabalhistas individuais (aqueles atinentes à relação individual de trabalho) e direitos sociais trabalhistas coletivos (que dizem respeito à autonomia negocial coletiva e ao poder normativo de competência da Justiça do Trabalho) (SILVA NETO, 1998, p. 49).

A inserção dos direitos individuais e coletivos na CF/88 contribuiu para a valorização da igualdade material, na sua condição de direito inafastável de todos os trabalhadores, invocado tanto na fase pré-contratual quanto na execução do contrato de trabalho (MACHADO, 2011, p. 97).

### 3.2. Os direitos sociais do trabalho na ordem internacional e a situação jurídico-laboral da mulher trabalhadora

Em 1998, descobriu-se, em Schoninem (Alemanha), lanças de madeira datadas de 400 mil anos atrás, as quais se constituem nos mais completos apetrechos de caça jamais encontrados. Tais lanças enfeitadas traziam resquícios da existência de uma estação de trabalho, ou seja, de homens organizados na forma de lidar com o labor (DONKIN, 2003, p. 5).

Inegavelmente, a descoberta acima relatada exterioriza a histórica relação entre o homem e o trabalho e a intrínseca simbiose existente entre eles, de maneira que, notadamente, o labor não só é responsável pelo atual estágio de desenvolvimento da sociedade, como, principalmente, explica a compreensão do trabalho como direito humano fundamental do homem.

O trabalho, no cenário contemporâneo da sociedade, é muito mais que uma atividade econômica destinada à produção de valor, mas, sobretudo, um instituto social que, além de oferecer renda necessária à sobrevivência, estabelece relacionamentos e oferece aos indivíduos um senso de pertencimento a um projeto de valor (BENDASSOLI, 2007, p. 192).

É por isso que se fazem necessárias a criação e a manutenção de uma estrutura normativa de proteção do direito ao trabalho. Essa estrutura normativa compreende uma conexão entre o direito pátrio e o direito internacional do trabalho, cuja análise se faz presente neste trabalho.

O Direito Internacional do Trabalho é uma expressão empregada para identificar um capítulo do Direito Internacional Público que trata da proteção do trabalhador, quer seja como parte de um contrato de trabalho, quer seja como ser humano (SÜSSEKIND, 2000, p. 20).

Sobre a importância do Direito Internacional do Trabalho e seu papel transformador, o juslaboralista argentino Filas (1998, p. 77) destaca que "a abertura internacional situa o direito laboral na realidade mundial, mediante as Centrais Sindicais Internacionais, as Convenções e Recomendações da OIT e o Direito Comparado".

Nas linhas que seguem, abordar-se-á a estrutura normativa internacional de proteção dos direitos humanos dos trabalhadores.

### 3.2.1. A Organização Internacional do Trabalho

A Organização Internacional do Trabalho (*International Labour Organization*) foi criada em 1919, pelo Tratado de Versalhes (Parte XIII) que marcou o fim da Primeira Guerra Mundial. Sua sede está fixada em Genebra e é uma agência especializada dentro do Sistema das Nações Unidas.

Segundo Lamarca (1993, p. 101-2), a OIT tem como antecedentes imediatos a Carta Internacional do Trabalho (projeto da comissão de legislação social do Parlamento francês), a Carta de Berna, decorrente de conferência realizada para promoção da Federação Sindical Internacional e que serviu de modelo ao Tratado de Versalhes.

Juntamente com o advento da Liga das Nações e do Direito Humanitário, a criação da OIT contribuiu não só para o processo de internacionalização dos direitos humanos como também para o surgimento de uma nova era do

Direito Internacional que, até então, estava limitado a relações entre Estados de caráter estritamente governamental (PIOVESAN, 2009, p. 116-7).

Conforme Cançado Trindade (1991, p. 5),

> Na fase 'legislativa', de elaboração dos instrumentos de proteção dos direitos humanos, os mecanismos de implementação simplesmente não teriam, com toda a probabilidade, sido estabelecidos, se não se tivesse superado gradativamente e com êxito, a objeção com base no chamado domínio reservado dos Estados. Este fator fez-se acompanhar dos graduais reconhecimento e cristalização da capacidade processual internacional dos indivíduos, paralelamente à gradual atribuição ou asserção da capacidade de agir dos órgãos de supervisão internacionais.

A XIII parte do Tratado de Versalhes previa que todos os países pertencentes à Sociedade das Nações fariam parte de uma organização permanente denominada de Organização Internacional do Trabalho cujo escopo seria, em linhas gerais, "elevar, em todos os países aderentes, as condições materiais e intelectuais dos trabalhadores" (LAMARCA, 1993, p. 102).

O fundamento de sua existência está calcado na paz mundial, na justiça social e na dignidade do ser humano trabalhador, atribuindo uma face social ao Direito Internacional (BARZOTTO, 2007, p. 74). Sua finalidade consistia em promover padrões internacionais justos e dignos de trabalho e de bem-estar (PIOVESAN, 2009, p. 115).

No tocante à sua natureza, a OIT constitui-se em órgão de caráter permanente e autônomo, com objetivos técnicos na função de representação de empregados e empregadores dos países-membros, auxiliando os trabalhadores a livrarem-se do oficialismo (LAMARCA, 1993, p. 102).

Em 1944, com a adoção da Declaração da Filadélfia, além das normas tradicionais, acresceu-se à competência da OIT temas mais amplos relacionados ao trabalho, como, por exemplo, condições de vida, liberdade, desenvolvimento e bem-estar social, o que, de certa forma, contribuiu para a construção do conceito, mais tarde desenvolvido (PIDESC de 1966) de Direitos Econômicos Sociais e Culturais (BARZOTTO, 2007, p. 76-7).

A atividade legislativa da OIT está fundamentada no tripartismo, de maneira que o resultado advém de um esforço conjunto dos governos, dos empregadores e dos trabalhadores, ou seja, a produção normativa conta com a cooperação dos próprios destinatários, o que, vale dizer, constitui-se em uma novidade trazida para o âmbito do Direito Internacional (BARZOTTO, 2007, p. 78).

A atividade normativa da OIT consiste nos seguintes instrumentos: constituição, convenções, protocolos, recomendações, declarações, resoluções, orientações, trabalho dos órgãos de supervisão da OIT e documentos autorizados.

Cada um desses acordos (convenções, recomendações e resoluções) transforma-se em outro, de grau imediatamente inferior, quando não obtém a maioria necessária (LAMARCA, 1993, p. 104).

As Normas Internacionais do Trabalho (NIT) são marcadas pelas características da universalidade, pois refletem os anseios e as necessidades conjuntas dos Estados-Membros; da flexibilidade, porque levam em consideração os diversos níveis de desenvolvimento dos Estados; da viabilidade, porquanto analisam a efetivação prática de suas normas; da adaptabilidade, porque adotam uma filosofia para moldarem-se às mudanças do trabalho; das normas mínimas, na medida em que têm por intenção precípua adotar um patamar mínimo de proteção das relações de trabalho; e da inadmissibilidade de reservas, pois, uma vez em vigor, não permitem reservas e condições (BARZOTTO, 2007, p. 95-8).

Sobre as questões envolvendo a igualdade de gênero e não discriminação, Novais lembra que (2005, p. 65).

> Desde sua origem, a Organização se preocupa com a questão da igualdade de oportunidades e de tratamento entre homens e mulheres no trabalho. Na Declaração Relativa aos Princípios Fundamentais no Trabalho, aprovada em 1998, ficou consignado que os Países-Membros têm o compromisso de respeitar os princípios e direitos fundamentais ali enumerados (dentre eles o da eliminação da discriminação em matéria de emprego e profissão), ainda que não tenham ratificados as respectivas Convenções, que tratam da matéria.

Dentre os diversos instrumentos normativos, destacam-se as convenções, espécies de normas que, depois de ratificadas, criam obrigações jurídicas. De acordo com a natureza das suas normas, as convenções devem ser classificadas em: a) autoaplicáveis, quando suas disposições prescindem de regulamentação; b) de princípios, cuja aplicação fica condicionada a atos regulamentares pelos países que a ratificam; e c) promocionais, que fixam certos objetivos e estabelecem programas a serem seguidos pelos Estados para a sua consecução (SÜSSEKIND, 2001, p. 73).

Ainda, importante referir que, em 19 de junho de 1998, a OIT declarou os "Princípios e Direitos Fundamentais no Trabalho", com o objetivo de consagrar, por meio das convenções, normas mínimas atinentes à dignidade do trabalhador, que devem ser observadas por todos os Países-Membros da

OIT, independentemente de haverem ou não ratificado as convenções eleitas como "fundamentais".

Esses direitos tidos por fundamentais, os quais, vale dizer, já estão contemplados na Declaração de 1948, estão divididos em quatro categorias: a) a liberdade de associação, a liberdade sindical e o reconhecimento efetivo de direito de negociação coletiva (Convenções ns. 87 e 09); b) a eliminação do trabalho forçado ou obrigatório (Convenções ns. 29 e 105); c) a abolição do trabalho infantil (Convenções ns. 138 e 182); e d) a eliminação da discriminação em matéria de emprego e ocupação (Convenções ns. 110 e 111).

A título de esclarecimento, salutar referir que, infelizmente, o Brasil ainda não ratificou a Convenção n. 87, que trata da liberdade sindical, vigendo o princípio da unicidade sindical que, em síntese, restringe a criação livre de organizações sindicais.

Todavia, todas as demais Convenções da OIT que tratam dos direitos fundamentais do trabalhador foram devidamente ratificadas pelo Brasil, inclusive as Convenções ns. 110 e 111 que tratam das matérias atinentes à promoção da igualdade no mercado de trabalho, tema central do presente trabalho.

Aliás, em que pesem as convenções acima citadas serem as mais importantes no que diz respeito à proteção do trabalho da mulher, não são as precursoras nessa matéria já que, ainda em 1919, a Convenção n. 3 (posteriormente modificada pela n. 103 e ainda reeditada pela n. 183, de 1999) tinha a proteção da mulher trabalhadora como tema central (CANTELLI, 2007, p. 169).

Ainda, e também importantes com relação ao trabalho feminino, merecem referência a Convenção n. 4, de 1919, que dispunha sobre o trabalho noturno da mulher, posteriormente revista pelas Convenções ns. 41, de 1934, e 89, de 1948, a Convenção n. 45, de 1935, que dispunha sobre a proibição do trabalho das mulheres em minas, a Convenção n. 100, de 1948, que tratava da igualdade de remuneração entre a mão de obra masculina e a feminina por um trabalho de igual valor, e a Convenção n. 103, de 1952, que regulava a proteção da maternidade (LUZ, 1984, p. 73).

Segundo Cantelli (2007, p. 167),

> No que diz respeito especificamente ao trabalho das mulheres, pode-se dizer que duas grandes preocupações inspiraram a ação internacional: a primeira, decorrente da necessidade de protegê-las de condições desgastantes durante o estado gestacional; e a segunda, da necessidade de lhes atribuir igualdade, de direito e de tratamento, com os homens.

Logo, a atuação da OIT justifica-se na medida em que trabalha para estabelecer, no cenário global, um nível mínimo de proteção ao trabalhador e, ainda, induzir os Estados a aperfeiçoarem os direitos do homem (BARZOTTO, 2007, p. 99).

### 3.2.2. A Carta Internacional dos Direitos Humanos e o Direito do Trabalho

Consoante já mencionado, a Declaração Universal dos Direitos Humanos, datada de 10 de dezembro de 1948, consagrou a união da comunidade internacional em torno de uma ética universal e de valores mínimos de titularidade do ser humano, a serem respeitados por todas as nações, e marcou o início do movimento de internacionalização dos direitos humanos.

A grande virtude desse documento é servir como expressão autorizada da Carta das Nações Unidas, na medida em que define precisamente o elenco dos direitos humanos e das liberdades fundamentais.

Todavia, por ser uma "resolução" da ONU, em uma análise estritamente formal, da qual não se compartilha[31], não é dotada de efeito jurídico vinculante, porquanto incapaz de gerar obrigações e de estabelecer sanções, exprimindo efeitos meramente recomendatórios[32].

Dessa forma, por apenas estabelecer o rol de direitos humanos, não apresenta mecanismos de monitoramento e de controle que se fazem necessários para a implementação desses direitos, a chamada *international accontability*.

A partir de então, inicia-se um processo de juridicialização da Declaração Universal dos Direitos Humanos, cujo objetivo é assegurar o reconhecimento e a observância universal dos direitos nela previstos. Em suma, a Declaração de 1948 é o "ponto de irradiação dos esforços em prol da realização do ideal de universalidade dos direitos humanos" (CANÇADO TRINDADE, 1997, p. 115).

Esse processo, que se iniciou ao final da década de 1940, culminou com a criação de dois tratados internacionais distintos que são o Pacto Internacional

---

(31) Sobre o tema, esclarece Piovesan (2009, p. 146) que o "propósito da Declaração, como proclama seu preâmbulo, é promover o reconhecimento universal dos direitos humanos e das liberdades fundamentais a que faz menção a Carta da ONU, particularmente nos arts. 1º (3) e 55".
Por isso, como já aludido, a Declaração Universal tem sido concebida como interpretação autorizada da expressão "direitos humanos", constante da Carta das Nações Unidas, apresentando, por esse motivo, força jurídica vinculante.
(32) Discorrendo sobre a cizânia doutrinária, Miranda (1988, p. 203) leciona que "o que resta saber é se o conteúdo da Declaração não pode ser desprendido dessa forma a situado noutra perspectiva". Parte da doutrina contesta tal possibilidade, por não atribuir às cláusulas da Declaração senão o valor de recomendação. Outra, pelo contrário, vê, nela, um texto interpretativo da Carta, pelo que participaria da sua natureza e força jurídica. E ainda há aqueles que perscrutam nas proposições da Declaração a tradução de princípios gerais de Direito Internacional.

dos Direitos Civis e Políticos e o Pacto Internacional dos Direitos Econômicos, Sociais e Culturais, que passaram a incorporar os direitos constantes da Declaração Universal, constituindo-se, assim, em referências necessárias para o exame do regime normativo de proteção dos direitos humanos (PIOVESAN, 2009, p. 160).

Esses três instrumentos formam a denominada Carta Internacional dos Direitos Humanos (*International Bill of Rights*) e inauguram a estrutura normativa do sistema global de proteção internacional dos direitos humanos.

Há de salientar que, ao lado da estrutura normativa global, existem ainda as estruturas normativas regionais de proteção dos direitos humanos, sendo que, atualmente, destacam-se três sistemas regionais que são o europeu, o americano (Convenção Americana de Direitos Humanos — *Pacto de San Jose da Costa Rica* — 1969) e o africano.

Necessário lembrar que os direitos humanos dos trabalhadores são entendidos como o conjunto de direitos individuais e sociais marcados pela luta constante pela liberdade e pela igualdade (BARZOTTO, 2007, p. 34). Os predicados da liberdade e da igualdade são orientados pela característica da universalidade que, por sua vez, demanda uma concretização normativa de caráter global.

Nas linhas que seguem, serão abordados os principais tópicos relativos ao direito dos trabalhadores dentro de um sistema internacional de proteção legal.

Inicialmente, a Declaração de 1948, entre os art. 22 e 27, versou sobre os direitos que a pessoa deve ter "como membro da sociedade" que são: trabalho, previdência social, igualdade salarial por trabalho de igual valor, descanso, lazer, saúde, educação, benefícios da ciência, gozo das artes e participação na vida cultural da comunidade.

No tocante ao direito do trabalho, a Declaração Universal dos Direitos Humanos expressamente destacou, no art. XXIII, que "Toda pessoa tem direito ao trabalho, à livre eleição de emprego, a condições justas e favoráveis de trabalho e à proteção contra o desemprego"; "direito a igual remuneração por igual trabalho"; "direito a uma remuneração justa e satisfatória, que lhe assegure, assim como à sua família, uma existência compatível com a dignidade humana"; "direito a organizar sindicatos e a neles ingressar para a proteção de seus interesses".

Aliás, a igualdade apresenta-se como a tônica da DUDH porquanto a exaltação da dignidade da pessoa humana a todos os indivíduos é ressaltada desde o seu preâmbulo, materializando-se em diversos artigos.

Com esses preceitos humanos fundamentais, a Declaração de 1948, que objetivou delinear uma ordem mundial fundada no respeito à dignidade humana, estabelece as orientações mínimas do trabalho como direito humano essencial para que o ser humano desenvolva sua personalidade física, moral e intelectual (PIOVESAN, 2009, p. 139-40).

Na sequência, cumprindo a ideia de incorporar e de ampliar os preceitos da Declaração Universal, conferindo efeito jurídico vinculatório, o PIDESC tratou de detalhar os direitos a condições de trabalho justas e favoráveis que compreendem uma remuneração que proporcione a todos os trabalhadores um salário equitativo e uma remuneração por um trabalho de igual valor, sobretudo às mulheres; uma existência decente para os trabalhadores e suas famílias, condições de trabalho seguras e higiênicas, igualdade de oportunidades, descanso, lazer, limitação da jornada de trabalho, férias periódicas remuneradas e remuneração dos feriados.

Há de se lembrar de que os direitos de segunda dimensão demandam uma realização progressiva, e o art. 21, alínea 1, do PIDESC, estabeleceu que os direitos objeto de programas de ação estatal seriam realizados progressivamente e vinculados ao máximo de recursos disponíveis de cada Estado.

Já o Pacto dos Direitos Civis e Políticos, dotado de autoaplicabilidade, estabelece direitos aos indivíduos e deveres aos Estados, trazendo importantes questões relativas ao Direito do Trabalho como, por exemplo, a proibição à escravidão e à servidão (art. 8º[33]), a liberdade de constituir sindicato e de filiar-se a ele (art. 22[34]) e a eliminação da discriminação (art. 25[35]).

Esse aparato normativo de proteção dos direitos humanos deixa claro que a efetivação dos chamados direitos de segunda dimensão não constitui tão somente uma obrigação moral das nações, mas, principalmente, uma obrigação jurídica fundamentada na Declaração Universal dos Direitos Humanos e nos demais tratados internacionais (PIOVESAN, 2010, p. 15).

### 3.3. *Os direitos sociais do trabalho na prática constitucional brasileira: o surgimento e a evolução da proteção do trabalho feminino*

No presente tópico, abordar-se-á, de forma sucinta, a evolução histórica dos direitos sociais dos trabalhadores por meio das Constituições brasileiras. Em que pese ser a Constituição de 1934 a primeira a inscrever um título sobre

---

(33) "Art. 8º — 1. Ninguém poderá se submetido à escravidão; a escravidão e o tráfico de escravos, em todas as suas formas, ficam proibidos."
(34) "Art. 22 — 1. Toda pessoa terá o direito de associar-se livremente a outras, inclusive o direito de constituir sindicatos e de a eles filiar-se, para proteção de seus interesses."
(35) "Art. 25 — Todo cidadão terá o direito e a possibilidade, sem qualquer das formas de discriminação mencionadas no art. 2º e sem restrições infundadas."

a ordem econômica e social, desde a primeira carta constitucional o trabalho como direito individual foi assegurado.

Antes de se adentrar na análise proposta, é salutar ressaltar que a proteção legal do trabalhador não nasceu pela Carta de 1934, pois as primeiras leis específicas de proteção ao trabalhador são ainda do final do século XIX.

No transcorrer do período histórico denominado de Primeira República, uma série de medidas legais surgiu com o objetivo de conferir ao trabalhador algum tipo de amparo. Por óbvio, eram medidas incipientes e pontuais, com o intuito de garantir o mercado livre e de preservar condições mínimas de sobrevivência (VISCARDI, 2010, p. 31).

A proteção legal inicia-se com o Decreto n. 843, de 1890, que criou um Banco dos Operários com o objetivo de disponibilizar recursos para a construção de moradias populares para os trabalhadores da cidade do Rio de Janeiro, revelando, assim a preocupação dos gestores com os problemas urbanos aflorados no período pós-abolição (VISCARDI, 2010, p. 31).

Já no início do século XX, têm-se as primeiras leis de regulamentação da atividade sindical. Em um primeiro momento, em 1903, mediante o Decreto n. 979, há a regulamentação dos sindicatos rurais, pois, em um país essencialmente agrícola, era importante organizar, primeiramente, o sindicalismo rural (LAMARCA, 1993, p. 31).

Em um segundo momento, em 1907, pelo Decreto n. 1.637, há a regulamentação dos sindicatos urbanos, reunindo profissionais de profissões similares ou conexas, de maneira que esses dois decretos assinalaram a primeira fase do sindicalismo brasileiro do século XX (NASCIMENTO; FERRARI; MARTINS FILHO, 1998, p. 79).

No campo da proteção do mercado de trabalho, destacam-se as reformas feitas no Código Penal (Decreto n. 1.162, de 12 de dezembro de 1890), que aumentavam as penas e as multas para infrações cometidas contra os trabalhadores, já que, na época, como resquício da própria escravidão que recentemente havia sido abolida, era muito comum o abuso de poder de direção por partes dos empregadores (VISCARDI, 2010, p. 33).

O ano de 1904 marca o surgimento da primeira lei de proteção ao salário. Isso porque o Decreto n. 1.150, de 5 de janeiro de 1904, previa que os débitos dos empregados do campo para com os patrões deveriam ser prioritariamente abatidos dos produtos das colheitas, evitando-se, assim, o desconto direto da remuneração (VISCARDI, 2010, p. 33).

Em 1915, de relatoria de Maximiliano Figueiredo, apresentou-se o primeiro projeto de um Código de Trabalho, que, dentre outras providências, definia o contrato de trabalho e estabelecia a duração do trabalho dos menores (VIANNA, 2005, p. 32).

Alguns anos mais tarde, por meio do Decreto n. 3.550, de 16 de outubro de 1918, foi criado o Departamento Nacional do Trabalho (DNT), que, dentre suas atribuições, deveria regulamentar e inspecionar os patronatos agrícolas e controlar o trabalho do imigrante. Isso acabou por não se efetivar de fato, sendo que, após seis anos, suas funções seriam integralmente assumidas por outro órgão, o Conselho Nacional do Trabalho (CNT), criado em 1923 pelo Decreto n. 16.027, de 30 de abril de 1923 (VISCARDI, 2010, p. 34-7).

Nesse período, merece destaque o Código Civil Brasileiro, que, em assunto de trabalho, seguindo a tradição dos Códigos Napoleônicos, regulou a locação de serviços, paralelamente à locação de coisas e à empreitada, de forma que, revelando-se privatista e individualista, preocupava-se com o homem na condição de contratante e não com o contratante na condição de homem (LAMARCA, 1993, p. 31).

Para as mulheres, a primeira medida protetiva surge com o Código Sanitário de 1919, que, além de proibir o trabalho para menores de 14 anos, vedava o labor noturno para os trabalhadores do sexo feminino.

Outro marco histórico legal importante foi o Decreto n. 3.724, de 15 de janeiro de 1919, conhecido como "lei dos acidentes de trabalho", que previa pagamento de indenizações aos empregados em razão de acidente ou doença do trabalho (VISCARDI, 2010, p. 34). Essa lei foi regulamentada pelo Decreto n. 13.499, de 12 de março do mesmo ano, e teve sua vigência até 1934, quando então foi promulgado o Decreto n. 24.637 (VIANNA, 2005, p. 55).

Vale registrar também o Decreto n. 16.051, de 26 de maio de 1923, que procurava amparar os trabalhadores imigrantes que, até então, estavam excluídos da maioria dos benefícios relativos aos nacionais, e o Decreto n. 16.107, de 30 de julho do mesmo ano, que previa a concessão de alguns direitos aos servidores domésticos (VISCARDI, 2010, p. 39).

Há ainda a Lei n. 4.982, de 24 de dezembro de 1925, que concedia férias de quinze dias aos empregados e aos operários do comércio, da indústria, dos bancos, das instituições jornalísticas e de instituições de caridade e beneficência. Esse diploma legal tornou o Brasil um dos primeiro países do mundo a conceder férias anuais remuneradas aos trabalhadores.

Posteriormente, em 1926, foi reformada a Constituição, sendo incluído o n. 28 do art. 34 na competência privativa do Congresso Nacional no que diz respeito a legislar sobre o trabalho (VIANNA, 2005, p. 56).

Por último, com a instituição do Governo Provisório mediante o Decreto n. 19.398, publicaram-se vários decretos contendo medidas de proteção ao trabalhador, como o Decreto n. 19.770, de 19 de março de 1931, que regulamentava a sindicalização; o Decreto n. 20.303, de 19 de agosto do mesmo ano, que legislava sobre a nacionalização do trabalho na marinha mercante;

o Decreto n. 21.186, de 22 de março de 1932, que regulava o horário para o trabalho no comércio; o Decreto n. 21.364, de 04 de maio do mesmo ano, que regulava o horário para o trabalho na indústria, e o Decreto n. 21.417-A, de 17 de maio de 1932, que regulava as condições de trabalho das mulheres na indústria e no comércio (VIANNA, 2005, p. 57-8).

Para Magano (1987, p. 79-80),

> Impregnado da concepção protecionista, proíbe-lhes o trabalho noturno das vinte e duas às cinco horas, salvo algumas exceções; veda-lhes a remoção de pesos; interdita-lhes o trabalho: a) nos subterrâneos, nas minerações em sub-solo, nas pedreiras e obras de construção pública ou particular; b) nos serviços perigosos e insalubres; proíbe-lhes o trabalho no período de quatro semanas antes e de quatro semanas depois do parto. Assegura-lhes, por outro lado, remuneração legal igual à dos homens, por trabalho de igual valor; atribui-lhes auxílio-maternidade correspondente à metade de seus salários, nos já referidos períodos de quatro semanas antes e quatro semanas após o parto; confere-lhes a faculdade de romper o respectivo contrato de trabalho, desde que ocupadas com tarefas prejudiciais à gestação; concede-lhes dois descansos diários de meia hora cada um, para amamentar os próprios filhos, durante os primeiros seis meses posteriores ao parto; garante-lhes local apropriada para guarda dos filhos, em período de amamentação, nos estabelecimentos em que estejam empregadas pelo menos trinta mulheres com mais de dezesseis anos; ampara-as, excluindo a gravidez do rol das justas causas ensejantes da rescisão do contrato de trabalho.

Após análise das primeiras medidas legais em matéria de Direito do Trabalho no sistema jurídico pátrio, cabe adentrar no resgate da proteção constitucional do trabalhador desde a Constituição Federal de 1824 até a Carta de 1988.

Como mencionado acima, o Direito Trabalho devidamente institucionalizado surgiu na história do constitucionalismo brasileiro em 1934. Todavia, para compreender as raízes da ordem legal trabalhista, é preciso derrubar o mito de que as leis sociais no Brasil são produto exclusivo de um paternalismo social, pois a CLT é fruto da pressão das lutas operárias internas e da comunidade internacional, ou seja, uma conquista e não uma concessão (GENRO, 1985, p. 30).

Nesse sentido, consoante ainda registra Genro (1985, p. 30), "toda a legislação social, em regra, surgiu de duros combates de classe, de violência contra a classe operária, momentos em que o Estado sempre revelou sua essência de instrumento da dominação burguesa".

Passa-se a analisar, agora, a contribuição do constitucionalismo brasileiro para a história e para a consolidação dos direitos sociais vinculados ao trabalho no Brasil.

### 3.3.1. A Constituição Imperial de 1824

Consoante se verificou no capítulo anterior, a carta política do império do Brasil de 1824, outorgada pelo Imperador Pedro I, reflete o momento histórico da época ao assentar-se sobre as ideias do constitucionalismo clássico, que, opondo-se ao absolutismo, consagrava a igualdade e a liberdade.

Nesse sentido, sua contribuição para os direitos sociais, em especial os direitos do trabalhador, são extremamente módicas na medida em que se limita a assegurar apenas os direitos de primeira dimensão, ou seja, os direitos individuais clássicos.

No que diz respeito ao trabalho feminino, a Constituição de 1824 nada apresenta. Como lembra Luz (1984, p. 16),

> Se foi lacônica com relação à atividade econômica e ao trabalho, este geralmente exercido por indivíduos do sexo masculino, com mais razão deixou de disciplinar o trabalho feminino, que representava parcela insignificante da mão de obra livre.

Para os fins do presente trabalho, interessam apenas os incisos 24 e 25 do art. 179, que assim previam:

> Art. 179. A inviolabilidade dos direitos civis e políticos dos cidadãos brasileiro, que tem por base a liberdade, a segurança individual e a propriedade, é garantida pela Constituição do Império, pela maneira seguinte:
> (...)
> 24) Nenhum gênero de trabalho, de cultura, indústria ou comércio pode ser proibido, uma vez que não se oponha aos costumes públicos, à segurança e à saúde dos cidadãos.
> 25) Ficam abolidas as Corporações de Ofícios, seus Juízes, Escrivães e Mestres.

Em relação ao inciso 24, de sua leitura depreende-se que a liberdade garantida era ter, exercer e mudar livremente de trabalho, restringindo-se apenas e tão somente àqueles atentatórios aos costumes e à ordem pública (JUCÁ, 1997, p. 44).

Natural que, pela própria gênese da Constituição, esse direito guardava pouca ou nenhuma relação com os direitos sociais do trabalhador, pois, como salienta o mais renomado publicista do Império, Pimenta Bueno (1978,

p. 391-92), "a espontânea ocupação das faculdades do homem tem por base não só o seu direito de liberdade, mas também o de sua propriedade".

Outrossim, no que diz respeito ao inciso 25, constata-se a expressão máxima da garantia da liberdade de trabalhar, ou seja, o reconhecimento de que o trabalho é o meio e o modo pelo qual o homem subsiste e se desenvolve, de maneira que a manutenção dos privilégios e dos monopólios em detrimento do talento e dos interesses dos operários constituía-se num impeditivo para que a sociedade pudesse escolher os produtos que desejasse consumir por preços mais cômodos (PIMENTA BUENO, 1978, 396).

Em que pese alguns doutrinadores atribuírem às corporações de ofício a base do sindicalismo[36], a verdade é que essas entidades se caracterizaram, ao fim e a cabo, por ser centros de exploração dos trabalhadores que estavam sob sua hierarquia (VECCHI, 2007, p. 21).

A importância da extinção das corporações do ofício não está ligada propriamente à criação de direitos sociais trabalhistas, mas sim à liberdade do exercício do trabalho, tendo em vista que, nessa estrutura extremamente rígida, todo o poder estava concentrado nas mãos dos mestres, situados no topo da hierarquia, que mantinham sob seu jugo os oficiais e aprendizes que apenas alimentavam a expectativa de ascensão hierárquica (CAMINO, 1999, p. 27).

Analisando-se os dispositivos constitucionais em comento, não há como não se constatar que a garantida da liberdade de exercício da atividade econômica está pautada na concepção liberal clássica, que, consubstanciada na igualdade de todos perante a lei, assegurava o contrato e a propriedade. Essa isonomia que, por ser meramente formal, revelou-se mais tarde absolutamente falsa (JUCÁ, 1997, p. 46).

Todavia, apesar de não ser uma carta original, segundo Mendes (2008, p. 162), o texto constitucional é historicamente relevante por ser uma lei fundamental que obteve êxito ao absorver e superar as tensões entre o absolutismo e o liberalismo que marcaram o seu nascimento, consagrando-se como o ponto de partida para a maioridade constitucional do país.

### 3.3.2. A Constituição Republicana de 1891

Assim como a antecessora, a Constituição da República dos Estados Unidos do Brasil, de 24 de fevereiro de 1891, mantém as características do liberalismo clássico, limitando-se a assegurar o livre exercício da profissão,

---

(36) Em posição contrária, aqui também defendida, é a lição de Camino (1999, p. 27): "Nenhuma identidade se vislumbra, aí, com as organizações dos sindicatos, alicerçada no espírito de classe e na organização coletiva".

consoante se depreende da redação do art. 127, § 24, que assim previa: "É garantido o livre exercício de qualquer profissão, moral, intelectual e industrial".

Sob a influência da Constituição norte-americana, o Brasil foi erigido ao *status* de federal, republicano, presidencialista e liberal, garantindo a liberdade de trabalho, mas não legislando sobre direito do trabalho, pois, segundo se entendia na ocasião, a legislação trabalhista se contrapunha ao princípio da liberdade contratual (SÜSSEKIND, 2001, p. 30).

Como salienta Silva Neto (1998, p. 64), o texto constitucional republicano não trouxe qualquer avanço significativo em termos de direitos sociais em razão da obnubilação provocada pelo ideal burguês. Concentrou seus esforços na reforma política, quedando-se inerte em dispor sobre o sistema econômico.

Todavia, a realidade social da época já sinalizava pelos direitos sociais. Tanto foi assim que a Constituição Francesa de 1848, ao lado de alguns direitos sociais, inseriu o "direito ao trabalho", assim como também a Constituição suíça de 1874 (SILVA NETO, 1998, p. 58).

A Carta de 1891 foi alvo de muitas críticas, pois, em que pese livre das faculdades autocráticas que a Constituição anterior conferia ao Imperador, não guardava relação de correspondência com a realidade do período, concentrando poderes excessivos ao chefe do executivo a ponto de converter o presidente numa espécie de "rei sem trono", ou de "monarca sem coroa" (MENDES, 2008, p. 164).

Foi apenas em 1926, por meio da reforma constitucional, que o primeiro dispositivo específico sobre Direito do Trabalho foi inserido, qual seja, o art. 34, que conferia competência exclusiva do Congresso Nacional para legislar sobre a matéria, conforme foi abordado anteriormente.

Todavia, essas alterações não se mostraram suficientes para amenizar a vontade reformista que efervescia entre os adversários do governo da Primeira República (MENDES, 2008, p. 166).

Assim, por não se mostrar fidedigna aos anseios sociais da época, inúmeras revoltas operárias marcaram o longo período de sua vigência, resultando na Revolução de 1930, a qual, comandada pelo então Governador gaúcho Getúlio Vargas, trazia na sua plataforma o problema social do trabalho, pondo fim ao Estado liberal da versão clássica, que durante mais de um século perdurou no país (JUCÁ, 1997, p. 48).

### 3.3.3. A Revolução de 1930 e a institucionalização do Direito do Trabalho

Em razão da revolução promovida pela Aliança Liberal, inaugurou-se, em 24 de outubro de 1930, o período denominado de Segunda República. Sob a batuta de Getúlio Vargas, a legislação trabalhista foi efetivamente incrementada, de forma que é partir daí que se pode realmente falar de um Direito do Trabalho brasileiro (LAMARCA, 1993, p. 33).

Com a política trabalhista de Vargas, passaram a ter maior aceitação as ideias de intervenção do poder público nas relações de trabalho, com o Estado exercendo um papel central, valorizando-se a nacionalização do trabalho por meio da adoção de medidas de proteção ao trabalhador (NASCIMENTO; FERRARI; MARTINS FILHO, 1998, p. 157).

A Constituição de 1934, de características weimerianas, teve um título (IV) dedicado à ordem econômica e social, no qual os direitos consagrados pela CLT foram elencados, como igualdade salarial, salário mínimo, jornada de trabalho, trabalho das mulheres e dos menores, repouso semanal e férias (LAMARCA, 1993, p. 33).

Ainda importante destacar o art. 122, que previa a criação da Justiça do Trabalho, embora excluída do Poder Judiciário, com o objetivo de dirimir as controvérsias entre empregadores e empregados (JUCÁ, 1997, p. 52).

Particularmente com relação ao trabalho feminino, a Constituição de 1934 assegurou a proibição de diferença de salário para um mesmo trabalho, a proibição do trabalho em indústrias insalubres, assistência médica e sanitária à gestante, descanso, sem prejuízo do salário, antes e depois do parto e instituição de previdência a favor da maternidade (LUZ, 1984, p. 24).

A Carta de 1934 é absolutamente inovadora, na medida em que, em vez de um governo inerte e omisso nas causas sociais, instaurou-se por meio dela um regime de intervenção com a restrição dos direitos individuais em prol da coletividade, afastando-se, em certos aspectos, das constituições do modelo liberal (VIANNA, 2005, p. 75).

Sobre a sua importância histórica, Silva Neto (1998, p. 65) lembra que a Constituição de 1934 é uma marco na evolução histórica do direito constitucional porque inscreveu e garantiu os direitos sociais, o que foi repetido nos textos posteriores que passaram a eleger o constitucionalismo social como instrumento para a consecução do bem-estar da sociedade, minimizando as tensões advindas da relação entre o capital e o trabalho.

Apesar disso repousa na Carta de 34 um paradoxo entre o corporativismo e o pluralismo sindical, pois, ao tempo em que reconhecia a pluralidade e a autonomia sindical, silenciava sobre o direito de grave, porquanto previa expressamente a presença dos deputados classistas no processo de elaboração legislativa (LEITE, 1997, p. 17).

### 3.3.4. A Carta de 1937: "A Constituição Polaca"

A Constituição de 1937, outorgada pelo então ditador Getúlio Vargas, introduziu o denominado Estado Novo e os princípios de forte intervenção na ordem econômica e social (LEITE, 1997, p. 18). É conhecida como a "A Constituição Polaca" por receber forte influência da constituição autoritária da Polônia.

A outorgada Constituição do Estado Novo de 1937, com o propósito de alcançar legitimidade e ensejar a sua obediência, obtendo o apoio imprescindível de setores estratégicos da sociedade, em geral, não incorreu na eliminação ou na diminuição de direitos constitucionais trabalhistas (SILVA NETO, 1998, p. 67).

Todavia, sob a influência do regime político de países que tinham uma ditadura de direita na Europa (Itália e outros), liquidou o modelo de pluralismo de 1934 e aumentou o dirigismo na esfera sindical, restringindo a liberdade de associação coletiva, estabelecendo normas reguladoras dos contratos de trabalho e impondo a unicidade sindical como princípio (NASCIMENTO; FERRARI; MARTINS FILHO, 1998, p. 90).

A Carta de 1937 instituiu a organização corporativa da ordem econômica dispondo, em seu art. 140, que a economia da produção seria organizada em corporações e que estas, como entidades representativas das forças de trabalho, seriam colocadas sob a existência e a proteção do Estado, exercendo funções delegadas de poder público (NASCIMENTO; FERRARI; MARTINS FILHO, 1998, p. 90).

Apesar de manter o núcleo dos direitos sociais inaugurado em 1934, apresenta inovações significativas, quais sejam, de considerar o trabalho um dever social (art. 136) e, por consequência, a greve e o *lockout* de recursos antissociais (art. 139), o que demonstra a sua visão autoritária (JUCÁ, 1997, p. 56).

A limitação ao direito de greve foi muito além do âmbito constitucional, pois as leis de segurança nacional da época (Decreto-Lei n. 431/38) trataram de criminalizar diversas figuras ligadas à greve (NASCIMENTO; FERRARI; MARTINS FILHO, 1998, p. 93).

Como consequência, retrocedendo em relação à Constituição anterior, os sindicatos perderam a sua autonomia, passando a atuar simplesmente como entidades assistencialistas e não como organizações de luta representativa da classe dos trabalhadores. Tanto foi assim que até o imposto sindical só poderia ser cobrado pelo sindicato devidamente reconhecido pelo Governo. Em suma, os sindicatos passaram a atuar como delegação do Estado (LEITE, 1997, p. 18).

Foi sob a vigência da Constituição de 1937 que ocorreu a instalação da Justiça do Trabalho, embora no âmbito do Poder Executivo (Ministério do Trabalho), e não do Poder Judiciário (ARRUDA, 1998, p. 33).

Para o trabalhador do sexo feminino, a Constituição de 1937 repetiu quase todos os direitos consagrados na Constituição anterior, quedando-se inerte, contudo, na proibição de diferença de salário por motivo de sexo e na instituição de previdência em razão da maternidade (LUZ, 1984, p. 26).

É imperioso destacar que, nesse período, como texto básico unificador das normas existentes, publicou-se o Decreto-Lei n. 5.453, de 1º de maio de 1943, a Consolidação das Leis do Trabalho (CLT), que, apesar do seu significado, não passou de uma reunião dos textos legais já existentes com algumas poucas pinceladas nada inovadoras (NASCIMENTO; FERRARI; MARTINS FILHO, 1998, p. 95).

A CLT é substancialmente um marco na proteção do trabalho na medida em que inaugura a intitulada "era de proteção", trazendo para o direito laboral pátrio uma efetiva proteção do trabalho feminino, encerrando assim um período de completa ausência de legislação protetiva das trabalhadoras do sexo feminino.

### 3.3.5. A Constituição de 1946: o Brasil pós-Estado Novo

O final da Segunda Grande Guerra Mundial, que marcou a derrota dos sistemas totalitários, determinou a necessidade de manifestação do constituinte originário, no sentido de recolocar o país no trilho do regime democrático e pluralista que tinha sido banido pela Carta Estadonovista de 1937 (SILVA NETO, 1998, p. 66).

A Carta de 1946 foi considerada uma das mais avançadas daquela época, declarando o trabalho como um dever social que tem por objeto assegurar a todos, indistintamente, uma existência digna (LEITE, 1997, p. 18).

As principais modificações trazidas pela Constituição de 1946 foram a inserção da Justiça do Trabalho como órgão do Poder Judiciário (arts. 94 e 95), a participação obrigatória do empregado nos lucros da empresa (art. 157, IV), o repouso remunerado (art. 157, VI), a estabilidade na empresa ou na exploração rural (art. 157, XII), o direito de greve (art. 158), a liberdade de associação profissional ou sindical (art. 159) e as condições de trabalho (art. 123) (SILVA NETO, 1998, p. 68).

Dentre o rol de novidades, a que mais se destaca, inequivocamente, é a ampliação da competência da Justiça do Trabalho, até então de natureza administrativa, que, a partir da nova ordem constitucional, passa a integrar o Poder Judiciário, sendo composta de um Tribunal Superior do Trabalho, de Tribunais Regionais do Trabalho e de Juntas de Conciliação e Julgamento.

No que diz respeito à tutela da mulher, a Constituição de 1946 manteve a proibição de trabalho em indústrias insalubres, já prevista nas Cartas de 1934 e 37, assim como preservou a licença gestante, antes e depois do parto, sem prejuízo do emprego e do salário (SÜSSEKIND, 2001, p. 39).

Ainda, no título alusivo à família, à educação e à cultura, destacou novamente a preocupação com a maternidade, prescrevendo como obrigatória, no art. 164, a assistência à maternidade, e também à infância e à adolescência (LUZ, 1984, p. 31).

Em uma análise geral, pode-se concluir que a Constituição de 1946 evoluiu com relação à anterior ao fixar a ideia da justiça social como sendo correção possível para os descompassos na organização econômico-social, equilibrando as fragilidades dos indivíduos, comprometendo o Estado na adoção de políticas públicas para combater o desemprego e para promover a dignidade do trabalhador (JUCÁ, 1997, p. 60).

### 3.3.6. O Sistema Constitucional de 1967/69

Em março de 1964, com a queda do presidente João Goulart, dá-se início ao período da ditadura militar, cujo primeiro presidente a assumir foi o Marechal Castelo Branco. Aquele momento histórico foi marcado por atos institucionais que suspenderam inúmeros artigos da Constituição de 1946, que até então vigorava no país.

A mando do presidente Castelo Branco, determinou-se a elaboração de um novo texto constitucional, que, embora se autoproclamando promulgada, na verdade foi efetivamente imposta pelo regime militar, motivo pelo qual é classificada como uma carta semioutorgada (LEITE, 1997, p. 19).

Na sequência, em 1969, estando o Congresso Nacional em recesso forçado, três ministros das Forças Armadas outorgaram, por meio de uma Emenda Constitucional, uma nova Constituição Federal, que manteve o AI-5, passando a vigorar efetivamente a partir de 13 de outubro de 1978 (LEITE, 1997, p. 20).

Essa nova constituição praticamente manteve o regime constitucional anterior no que diz respeito aos direitos sociais, com a particularidade de consagrar privilégio à União, atribuindo competência exclusiva à Justiça Federal para as causas em que ela, as autarquias e as empresas públicas federais figurassem na condição de autoras, rés ou terceiras, inclusive em matéria trabalhista. Em outras palavras, retirou da Justiça do Trabalho a competência para apreciar e julgar referidas causas (LEITE, 1997, p. 20).

Na verdade, como um todo, esse período foi marcado por um conjunto de leis do Estado denominadas de "política salarial do Governo", que vincularam os aumentos salariais que até então eram ajustados por meio de negociações coletivas ou decisões judiciais a mecanismos de padronização segundo índices oficiais do governo (NASCIMENTO; FERRARI; MARTINS FILHO, 1998, p. 160).

No campo legislativo, o momento foi marcado pela Lei n. 5.107/66, que instituiu o Fundo de Garantia do Tempo de Serviço (FGTS), a Lei n. 7 de 1970, que criou o Programa de Integração Social, a Lei n. 4.330/64, que procurou disciplinar o direito de greve, e a Lei n. 6.514/77, que modificou o Capítulo V, do Título II da CLT, sobre Segurança e Medicina do Trabalho (NASCIMENTO; FERRARI; MARTINS FILHO, 1998, p. 161).

Para fins do presente trabalho, é importante destacar que o regime constitucional da época assegurou a proibição de trabalho feminino em indústrias insalubres, a proibição de distinção entre profissionais, além de outros direitos trabalhistas elencados no art. 165 do texto constitucional, evidenciando uma preocupação com o desenvolvimento econômico por meio da valorização do trabalho e do emprego, seguindo a mesma linha do que previa a Constituição de 1946 (JUCÁ, 1997, p. 61).

No que diz respeito ao trabalho feminino, a grande novidade foi a inserção do direito à aposentadoria aos 30 anos de trabalho para as trabalhadoras em geral, e 25 anos para as mulheres no exercício das funções do magistério (direito assegurado pela Emenda Constitucional n. 8, de 30 de junho de 1981) (LUZ, 1984, p. 36).

Em síntese, a Constituição de 1969 exterioriza a tendência marcante da onipresença e da onipotência do Estado nesse período histórico.

### 3.3.7. A Constituição cidadã de 1988: o trabalho como um direito social

A Constituição de 1988, promulgada em 05 de outubro de 1988, além de sua importância histórica como marco de redemocratização do país, é considerada uma das mais avançadas do mundo no que tange aos direitos sociais.

O compromisso com os direitos sociais pode ser verificado já no preâmbulo da Constituição, quando firma o intento de instituir um Estado Democrático destinado a assegurar o exercício dos direitos sociais.

Como salienta Bastos (1988, p. 398) em relação à autonomia da vontade nas relações de trabalho, que extremou a máxima *laissez-faire*, as Constituições modernas trataram de abrigar normas limitativas da liberdade nas relações trabalhistas. Logo, deixaram de se apresentar como normas de assistência aos necessitados para encararem o direito ao trabalho como contrapartida do dever de trabalhar.

Contrariamente à Constituição de 1969, na qual os direitos sociais estavam jungidos à ordem econômica, a Carta de 1988 denota a opção pela outorga de "autonomia" ao trabalho. Isso significa que não era mais admitido como tão somente um componente do processo produtivo, mas como um substrato arraigado à inexcedível manifestação de cidadania do trabalhador (SILVA NETO, 1998, p. 71).

Esse aspecto é fundamentalmente importante, pois, ao contrário do que pregam alguns constitucionalistas que inserem os direitos sociais na órbita dos direitos econômicos, o trabalho é muito mais que um mero componente da relação de produção. Tanto é assim que a CF/88 cuidou de dedicar o Capítulo II, do Título II dos direitos sociais, incluindo nesse rol o direito ao trabalho (NASCIMENTO; FERRARI; MARTINS FILHO, 1998, p. 21).

A Carta de 88, denominada de Constituição Cidadã pelo então Presidente da Assembleia Nacional Constituinte, o deputado federal Ulisses Guimarães, tem um significado relevante ao se apresentar como instrumento de efetivação do processo democrático e de reordenamento jurídico do Estado, além de representar relevantes avanços na melhoria da condição social dos trabalhadores (NASCIMENTO; FERRARI; MARTINS FILHO, 1998, p. 105).

Nesse contexto, podem-se considerar os direitos sociais como a espinha dorsal do Estado Social brasileiro, facultando-se afirmar que os direitos trabalhistas devem ser considerados como o núcleo básico dos direitos sociais. Isso tendo em vista que relações sociais justas pressupõem relações de trabalho justas, as quais, por seu turno, estão em consonância com relações econômicas justas, atingindo, portanto, a estrutura do Estado (ARRUDA, 1998, p. 37).

Em comentário ao rol de direitos dos trabalhadores, Jucá (1997, p. 67) utilizou o adjetivo "cuidadoso" para se referir ao trabalho do constituinte com o elenco constitucionalizado no art. 7º da CF/88. Esse cuidado se observa, pois, repetindo o princípio da valorização do trabalho, enumera-os, mas não os esgota, demonstrando a relação intrínseca entre a dignidade da pessoa humana e os valores sociais do trabalho.

No mesmo sentido, Pinto (1991, p. 170) também entende que a Constituição de 1988 inequivocamente apresentou progressos com relação às suas antecessoras, em que pese ter-se deixado limitar pela Constituição de 37 no que diz respeito à autonomia das organizações sindicais.

Tendo a proteção do trabalho como primeiro de todos os direitos sociais trabalhistas, a Constituição sinaliza na direção do ideal do pleno emprego e elenca, no art. 7º, um rol de direitos mínimos que contempla salário mínimo, jornada de trabalho que não seja exaustiva e estafante, repouso semanal remunerado, participação dos trabalhadores nos lucros e na gestão das empresas, repouso semanal remunerado, férias anuais remuneradas, licença gestante, licença-paternidade, aviso-prévio, redução dos riscos inerentes ao trabalho, aposentadoria, assistência aos filhos e dependentes, reconhecimento das negociações coletivas, proteção em face da automação, adicional de remuneração para as atividades penosas insalubres, penosas e perigosas e seguro contra acidentes de trabalho.

Especificamente, no que diz respeito à mulher trabalhadora, Cantelli (2007, p. 159) lembra que

> De fato, a Constituição de 1988 trouxe a primeira significativa mudança na regulamentação do trabalho feminino no Brasil, eliminando do Direito brasileiro qualquer prática discriminatória contra a mulher no contexto empregatício — ou que lhe pudesse restringir o mercado de trabalho. Derrogou, desta forma, alguns dispositivos da "velha" CLT[37] que, sob o aparente manto tutelar, produziam efeito discriminatório com relação à mulher.

A Constituição de 88 encerra um capítulo feliz na concretização dos direitos sociais dos trabalhadores. Todavia, válida a observação de Silva (1991, p. 68) no sentido de que a Constituição somente viverá e a democracia somente será perpetuada quando todos os atores souberem que os direitos trabalhistas devem ser concretizados e vividos por todos os brasileiros. E, nesse sentido, a transposição para a realidade dos fatos dos direitos sociais transcende a tarefa dos juristas, devendo ser uma missão prioritária a ser cumprida em conjunto por todos os cidadãos, os sindicatos, os partidos políticos, os empresários, os trabalhadores e os homens públicos.

---

(37) Como exemplo, foram derrogados os dispositivos que proibiam que a mulher trabalhasse à noite (Lei n. 7.855/89), em regime de horas suplementares (Lei n. 10.244/01), em locais insalubres e perigosos (Lei n. 7.855/89) (CANTELLI, 2007, p. 160).

# 4

## A efetivação dos direitos sociais por meio da jurisdição constitucional

Uma das principais consequências do fenômeno do neoconstitucionalismo[38] é, sem sombra de dúvidas, o alargamento da jurisdição constitucional, mais precisamente pelos institutos do ativismo judicial e da judicialização.

Entender a jurisdição constitucional e seus contornos atuais é essencial para que se possam compreender as possibilidades de realização dos direitos sociais, especialmente aqueles que dizem respeito à tutela da mulher nas relações de trabalho. Esse é o objeto de estudo a que se reserva o presente capítulo.

### 4.1. A jurisdição constitucional: o procedimentalismo versus substancialismo e os direitos sociais

A jurisdição[39] constitucional é concebida com um sistema de técnicas cujo objetivo precípuo é garantir o regular exercício das funções estatais, haja

---

(38) Segundo Costa e Martin (2008, p. 84), "O neoconstitucionalismo vem reunir elementos das duas tradições constitucionais clássicas: forte conteúdo normativo e garantia constitucional. Na primeira dessas tradições percorre-se a ideia de garantia constitucional e uma correlativa desconfiança ante o legislador. Na segunda tradição, resgata-se um ambicioso programa normativo que vai mais além do que exigiria a mera organização do poder mediante o estabelecimento das regras do jogo. O neoconstitucionalismo aposta por Constituições normativas garantidas.

Na atualidade, destaca-se a importância para a Justiça Constitucional, essa possui a incorporação de princípios, direitos e diretivas. O constitucionalismo está impulsionado na nova teoria do direito, cujos traços mais sobressalentes poderiam ser os cinco seguintes: mais princípios do que regras; mais ponderação do que subsunção; onipresença da Constituição em todas as áreas jurídicas e em todos os conflitos meramente relevantes, em lugar de espaços deixados à opção legislativa ou regulamentação; onipotência judicial em lugar de autonomia do legislador ou regulamentação; e, por último, coexistência de uma constelação de valores, às vezes tendencialmente contraditórios, em lugar de homogeneidade ideológica em torno de um punhado de princípios coerentes entre si em torno, principalmente às sucessivas opções legislativas".

(39) Sobre Jurisdição, reporta-se ao conceito de Dinamarco (2004, p. 298), para quem a "jurisdição costuma ser atribuída uma tríplice conceituação dizendo-se habitualmente que ela é ao mesmo tempo um *poder*, uma

vista que essas funções possuem um caráter jurídico, isto é, atos jurídicos de criação de normas jurídicas ou de execução de direito criado, sendo que, ordinariamente, costuma-se distinguir as funções estatais em legislação e execução (KELSEN, 2013, p. 124).

Para Zavascki (2001, p. 14), a jurisdição constitucional consiste na tarefa conferida ao Poder Judiciário, com todos os seus órgãos e não apenas o Supremo Tribunal Federal, de interpretar e de aplicar a Constituição, cuja atividade não se restringe ao controle de constitucionalidade das leis, compreendendo todas as atribuições atinentes à salvaguarda e à efetividade das normas constitucionais.

A jurisdição constitucional visa a concretizar a Constituição, tornando juridicamente eficaz as normas constitucionais, tarefa que pertence a todos os órgãos constitucionais (COSTA, 2003, p. 82).

A expressão, cuja origem em *juris*, direito, e *dicere*, dizer, compreende a tarefa de anular ou deixar de aplicar, no caso concreto, qualquer ato normativo que conflite com a *lex fundamentalis*, porquanto o objetivo fundamental da jurisdição constitucional é conferir efetividade ao texto constitucional, desempenhando suas atribuições por meio do controle difuso e do controle concentrado de constitucionalidade (LIMA, 2005, p. 208).

Em que pese a ideia de jurisdição constitucional como técnica de atuação da supremacia da lei fundamental[40] ter-se desenvolvido no Direito norte-americano[41] (BINENBOJM, 2001, p. 27), foi com o término da II Guerra Mundial[42] que adquiriu uma nova dimensão. A partir de então, é-lhe imprimido um papel muito mais ativo e amplo, calcado na ideia de que os direitos

---

*função* e uma atividade. Na realidade, ela não é um *poder*, mas o próprio poder estatal, que é uno, enquanto exercido com os objetivos do sistema processual; assim como a legislação é o poder estatal exercido para criar normas e a administração, para governar. Como *função* a jurisdição caracteriza-se pelos escopos que mediante seu exercício o Estado-juiz busca realizar — notadamente o escopo social de pacificar pessoas, eliminando litígios. A atividade jurisdicional constitui-se dos atos que o juiz realiza no processo, segundo as regras do procedimento" (grifos no original).

(40) Sobre a supremacia da Constituição, Lima (2005, p. 2008) lembra que "sob a influência do constitucionalismo norte-americano, desde 1891, nossas Constituições têm sido consideradas como Leis Supremas, de nível hierárquico superior ao das demais leis".

(41) Segundo Leiria (2009, p. 53), "A introdução do *judicial review* na história das tradições coloniais americanas reconhecia aos juízes e tribunais o poder de examinar a constitucionalidade das leis. Dessa forma, a escolha por introduzir esse poder aos juízes terminou por reinventar a Constituição, pois reconhecia a ela uma densidade normativa até então discutível e abria espaço para uma verdadeira reelaboração ou atualização de seus conteúdos".

(42) Conforme salienta Streck (2004, p. 148), "A democratização social, fruto das políticas do *Walfare State*, o advento da democracia no segundo pós-guerra e a redemocratização de países que saíram de regimes autoritários/ditatoriais, trazem à luz Constituições cujos textos positivam os direitos fundamentais e sociais. Esse conjunto de fatores redefine a relação entre os Poderes do Estado, passando o judiciário (ou os tribunais constitucionais) a fazer parte da arena política, isto porque o *Walfare State* lhe facultou o acesso à administração do futuro, e o constitucionalismo moderno, a partir da experiência negativa de legitimação do nazifascismo

fundamentais configuram uma ordem objetiva de valores que possuem um caráter vinculante a todos os poderes do Estado. Isso conferiu ao judiciário uma atuação determinante para a realização desses direitos (M. LEAL, 2007, p. 1), chegando a ser considerado com um "elemento necessário da própria definição de Estado de direito democrático" (MOREIRA, 1995, p. 178).

Na condição de instrumento de concreção da Lei Fundamental, a jurisdição constitucional tem como objetivos o respeito à cidadania e a realização efetiva dos direitos fundamentais, sob a inspiração dos princípios da democracia, da liberdade, da igualdade, da legalidade e da justiça social (LIMA, 2005, p. 264).

Para dar conta dessa "nova" perspectiva que a Constituição passa a adotar e, por consequência, a "exigir" dos Tribunais um papel positivo e concretizador, é que o Tribunal Constitucional Alemão desenvolveu uma série de recursos teóricos e hermenêuticos com o objetivo de promover uma interação com a atividade legislativa propriamente dita. Notabiliza-se, assim, pela sua capacidade construtiva no sentido de fortificação e consolidação dos direitos fundamentais tomando por referência o princípio da dignidade da pessoa humana (M. LEAL, 2007, p. 62).

Como anota Mendes (1999, p. 339),

> Procura-se, com base até mesmo na abertura estrutural dos textos constitucionais, na sua fragmentaridade e incompletude, recomendar que as Cortes Constitucionais pratiquem um mínimo de "self-restraint", uma vez que se reconhece que qualquer outra fórmula institucional — v.g., um controle efetivo do controlador — acabaria por retirar da jurisdição constitucional qualquer efetividade.
>
> Portanto, a autolimitação da jurisdição constitucional não constitui uma decisão heterônoma ou externa à jurisdição constitucional. Ao revés, ela decorre da estrutura aberta, fragmentária, incompleta da norma constitucional, características que se revelam até mesmo nas Constituições analíticas com as nossas, uma vez que, a despeito de eventual pretensão totalizadora, não logram — felizmente — abarcar toda a complexidade da vida política e social.

Nessa ordem, os direitos fundamentais, por estarem situados no topo da hierarquia jurídica, passam a ser vistos como referenciais de valor, conferindo ao controle de constitucionalidade uma nova dimensão, dupla, aliás, uma

---

pela vontade da maioria, confiou à justiça constitucional a guarde da vontade geral, encerrada de modo permanente nos princípios fundamentais positivados na ordem jurídica".

de caráter subjetivo (direitos de defesa) e outra de caráter objetivo (direitos exercidos positivamente com eficácia vertical e horizontal) (M. LEAL, 2007, p. 62).

A força normativa[43] da Constituição é fundamental para o desenvolvimento do controle de constitucionalidade tendo em vista que, quanto mais intensa essa vontade, maior é a possibilidade de concretização da própria Constituição (LEIRIA, 2009, p. 185). Caso contrário, os direitos fundamentais, assim como foram no passado, não passariam de meras declarações políticas à disposição do legislador, sem qualquer força vinculante, ganhando força jurídica apenas e tão somente quando objeto de lei (STEINMETZ, 2001, p. 96).

Em tal sentido afirma Binenbojm (2001, p. 82):

> A missão do Tribunal Constitucional se projeta, assim, para além da mera função de *legislador negativo*, guardião da coerência sistêmica do ordenamento jurídico. Seu papel é o de articular o debate público em torno dos princípios constitucionais, *constrangendo* os agentes políticos a levá-los em conta no desenrolar do processo democrático.

Nesse contexto, é importante destacar que a expansão do conteúdo dos direitos fundamentais e seu caráter supremo implica um processo de constitucionalização material que atinge a todos os poderes do Estado. Isso supera a dicotomia existente na classificação feita por Alexy (normas de direitos fundamentais vinculantes e normas de direitos fundamentais não vinculantes — identificadas como normas de mero caráter político e moral), porquanto a dimensão objetiva dos direitos fundamentais[44] impõe que todas as suas normas sejam consideradas juridicamente vinculantes (M. LEAL, 2007, p. 74).

---

(43) A força normativa da constituição, tema central da obra de Konrad Hesse surge em contraposição ao pensamento de Ferdinand Lassale, para quem as questões constitucionais não são questões jurídicas mas, sim, questões de poder. Segundo Hesse (1991, p. 24), "A Constituição Jurídica está condicionada pela realidade histórica. Ela não pode ser separada da realidade histórica de seu tempo. A pretensão da eficácia da Constituição somente pode ser realizada se levar em conta essa realidade. A Constituição Jurídica não configura apenas expressão de uma realidade. Graças ao elemento normativo, ela ordena e conforma a realidade política e social".

(44) Acerca da dimensão objetiva dos direitos fundamentais, Silva (2010, p. 108) aduz que "significa que eles possuem tamanha força de significado para a configuração estatal e da sociedade que acabem por se espraiar por todo o ordenamento jurídico, indo muito além de uma mera concepção subjetiva individual ou coletiva, para se constituir na base do ordenamento jurídico do Estado, irradiando sua eficácia para as relações verticais travadas entre o indivíduo e o Estado e para as relações horizontais travadas entre sujeitos privados, vinculando a todos, poderes públicos e cidadãos. A dimensão objetiva dos direitos fundamentais tem a ver com a nova configuração estatal que atribuiu papel ao Estado não mais apenas de agente que deve-se manter omisso e não interferir em uma determinada esfera de liberdade o indivíduo, mas sim já agora agir para proteger direitos fundamentais, inclusive contra a violação perpetrada por particulares".

Assim, a dimensão objetiva possibilita que se atribuam efeitos jurídicos às normas de direitos fundamentais, mesmos àquelas que, em função de sua natureza, carecem de integração legislativa para a criação de direitos subjetivos para seus titulares (SARMENTO, 2004, p. 107).

A lição de Steinmetz (2001, p. 136) é no sentido de

> Os direitos fundamentais, nessa dimensão, apresentam-se como normas objetivas de princípio. É tão correto dizer "direito fundamental de liberdade" quanto "princípio de ligualdade". A mudança de terminologia não muda a estrutura jurídico-normativa e a força vinculante. É tão correto dizer que os direitos fundamentais são mandatos de otimização a serem realizados segundo as possibilidade jurídicas e fáticas quanto dizer que os princípios são mandatos de otimização a serem realizados segundo as possibilidades jurídicas e fáticas.

O caráter principiológico das normas de direitos fundamentais[45] determina que os direitos sejam concretizados da "melhor forma possível", demandando, então, uma atuação criativa por parte do Tribunal Constitucional. Isso tendo em vista que, nessa perspectiva, os princípios podem ser realizados em diferentes níveis, e, dessa forma, o sopesamento passa pela observância dos seguintes passos: a) avaliação dos danos da não realização do princípio; b) determinação da importância do princípio contrário; e c) aferição da importância do princípio contrário, a fim de justificar a lesão do outro direito em pauta (M. LEAL, 2007, p. 77).

Esse controle material de constitucionalidade vai ao fundo da lei, amoldando a regra jurídica à Constituição, de acordo com os princípios fundamentais, fazendo com que a interpretação constitucional tome uma amplitude desconhecida na hermenêutica clássica, a qual, para desespero dos publicistas, gera um superpoder cuja consequência seria a anulação do princípio da separação dos poderes com juízes julgando de *legibus* e não *secundum legem*, como ocorre no controle meramente formal (BONAVIDES, 1997, p. 269-270).

---

(45) Esse caráter principiológico é identificado com a passagem para o Estado Democrático de Direito, em razão de recrudescimento da ideia de direitos fundamentais e da noção de dignidade da pessoa humana, que faz com que a Constituição, assentada numa estrutura que permite uma aferição ampla de seus conteúdos na realidade cotidiana, assuma uma função principiológica (M. LEAL, 2007, p. 40).

Segundo Conti (2004, p. 31),

> A Constituição Jurídica está condicionada pela realidade histórica. Ela não pode ser separada da realidade histórica de seu tempo. A pretensão da eficácia da Constituição somente pode ser realizada se levar em conta essa realidade. A Constituição Jurídica não configura apenas expressão de uma realidade. Graças ao elemento normativo, ela ordena e conforma a realidade política e social.

A atitude dos juízes, de se anteciparem à ação do legislador, ocupando-se da concretização da constituição, de sua aplicação direta, é o grande elemento do neoconstitucionalismo na medida em que provocou um incremento no protagonismo da atividade judicial (MOLLER, 2010, p. 17).

Apesar de inegáveis virtudes desse sistema, não se pode olvidar da permanente instabilidade e tensão com os demais poderes[46]. Na lição de Barroso (1996, p. 157),

> [...] tem-se travado, nos últimos anos, uma ampla discussão sobre o controle de constitucionalidade pelo Judiciário e seus limites. Sustenta-se que os agentes do Executivo e do Legislativo, além de ungidos pela vontade popular, sujeitam-se a um tipo de controle e responsabilização política de que os juízes estão isentos. Daí afirmar-se que o controle judicial da atuação dos outros Poderes dá lugar ao que se denominou de "contermajoritariam difficulty" (dificuldade contramajoritária). Notadamente os segmentos conservadores têm questionado o avanços dos tribunais sobre espaços que, segundo creem, deveriam ficar reservados ao processo político.

Essa atuação do Tribunal, que provoca um agigantamento de sua atuação jurisdicional, mais benéfica que negativa, traduz-se naquilo que se denomina de *constitucionalismo cooperativo*, que pressupõe a cooperação dos poderes estatais na realização dos fins do Estado e da própria sociedade, apesar das críticas no tocante à sua falta de legitimidade e de representatividade (os cargos dos magistrados não são providos mediante o voto popular) (M. LEAL, 2007, p. 84).

---

(46) Sobre o tema, Cittadino (2002, p. 17) salienta que "A ampliação do controle normativo do Poder Judiciário no âmbito das democracias contemporâneas é tema central de muitas das discussões [...] O protagonismo recente dos tribunais constitucionais e cortes supremas não apenas transforma em questões problemáticas os princípios da separação dos poderes e da neutralidade política do Poder Judiciário, como inaugura um tipo inédito de espaço público, desvinculado das clássicas instituições político-representativas".

Esse novo papel do Tribunal Constitucional transforma o "direito legal" em "direito judicial", acarretando a mutação de "Estado Democrático" em "Estado Jurisdicional", que, para os críticos, provoca uma "erosão da juridicialidade" (M. LEAL, 2007, p. 84).

Para Dworkin (1984, 146-147; 150-152), não é tarefa do juiz criar direito novo para aplicar retroativamente, pois, assim, estaria incorrendo em adjudicação da competência do legislador, o que não se coadunaria com aquilo que se pressupõe de uma sociedade democrática.

Contra esse movimento, é possível se observar em várias tentativas, as quais, ao fim e ao cabo, têm por objetivo enfraquecer o Poder Judiciário para que possam prevalecer os anseios autoritários, como é o caso, por exemplo, das súmulas vinculantes (LIMA, 2005, p. 236).

Todavia, afora as críticas, surgem então duas correntes, uma de ordem *substancialista*, que defende uma atuação do Judiciário na garantia e concretização dos direitos assegurados, e outra, tida como *procedimentalista*, cuja função do judiciário não consiste em "oferecer critérios conteudísticos, mas apenas procedimentos para a resolução de conflitos morais" (CAMBI, 2009, p. 282).

A diferença entre ambos os institutos pode ser delimitada da seguinte maneira: enquanto os substancialistas argumentam que as decisões emanadas do judiciário ajudam no processo afirmativo dos direitos fundamentais e na realização de uma "agenda igualitária", os procedimentalistas sustentam que o Direito, em excesso, revela-se possivelmente prejudicial ao regime democrático de forma que se deve separar política de direito (HOMMERDING, 2006, p. 20).

Em que pesem ambas reconhecerem uma abertura dos conteúdos da Constituição, e reconhecerem no Poder Judiciário uma função estratégica nas Constituições (STRECK, 2003, p. 262), diferenciam-se no órgão responsável pelo exercício dessa função. Assim, para os substancialistas, essa função pertence ao Poder Judiciário e, para os procedimentalistas, ao Poder Legislativo. Em ambos os casos, a posição judicial é ativa e não se confundem com as posições que pregam uma atividade de cunho positivista (M. LEAL, 2007, p. 96).

Para a vertente procedimentalista, defendida por autores como Habermas e Garapon, a invasão da política e da sociedade pelo Direito é merecedora de críticas, pois acarreta o que se denomina de gigantismo ou politização do judiciário, com a invasão da esfera de competência dos tribunais[47], mediante concretizações materiais de valores (STRECK, 2003, p. 263).

---

(47) Na prédica de Lucas (2005, p. 03), "as orientações procedimentalistas de Habermas e Garapon, cada um a seu modo, segundo Vianna, destacam que 'o que há de patológico e de sombrio na vida social moderna,

Para os procedimentalistas, a concepção de legitimidade e de validade das leis está vinculada à aprovação de todos os cidadãos dentro de um procedimento legislativo constituído legalmente. É indispensável, assim, a institucionalização de espaços imparciais que proporcionem a conversação das pluralidades e a produção de consensos[48] (HOMMERDING, 2006, p. 18),

Na concepção de Habermas (1997, p. 185),

> O paradigma procedimental do direito orienta o olhar do legislador para as *condições de mobilização* do direito. Quando a diferenciação é grande e há ruptura entre o nível de conhecimento e a consciência de grupos virtualmente ameaçados, impõem-se medidas que podem "capacitar os indivíduos" a formar interesses, a tematizá-los na comunidade e a introduzi-los no processo de decisão do Estado (grifos no original).

Com a ideia de proteger as condições do procedimento democrático, a base do sistema procedimentalista residiria entre a soberania do povo institucionalizada e não institucionalizada juridicamente (HABERMAS, 1997, p. 186).

Para Streck (2004, 174-75), o modelo procedimentalista de Habermas, com cidadãos plenamente autônomos, não consegue assentar-se em uma sociedade em que o problema da exclusão social ainda não foi resolvido. Cita como exemplo o sistema eleitoral, pois, segundo o autor, não há como se considerar uma eleição justa se grande parte do eleitorado não possui a instrução necessária para compreender as principais linhas do debate político.

Em contrapartida, o modelo substancialista, defendido por Tribe e Cappelletti, entende que o judiciário, além de equilibrar e de harmonizar os demais poderes, deve assumir um papel de intérprete, que coloca em evidência a vontade geral implícita nos textos constitucionais, inclusive quando contrária à vontade das maiorias eventuais (STRECK, 2003, p. 271).

---

do que a crescente e invasora presença do direito na política seria apenas um indicador, deveria encontrar reparação a partir de uma política democrática que viesse a privilegiar a formação de uma cidadania ativa. A invasão da política e da sociedade pelo direito, e o próprio gigantismo do Poder Judiciário, coincidiram com o desestímulo para um agir orientado para fins cívicos, o juiz e a lei tornando-se as derradeiras referências de esperança para indivíduos isolados, socialmente perdidos'. A invasão da política pelo direito entorpece a capacidade democrática da sociedade e enclausura todas as possibilidades de emancipação da racionalidade burocrática do Judiciário, aumentando o desprestígio da política e das alternativas democráticas na produção do direito e na condução do devir histórico".

(48) Segundo Galuppo (2002, p. 155), o princípio procedimentalista "revela que as normas jurídicas não se fundamentam apenas moralmente, mas também através de acordos negociados, ou barganhas, que se tornam permitidas e necessárias quando apenas interesses particulares e não generalizáveis estão em jogo".

No caso do Brasil, a Constituição de 1988 agregou um *plus* normativo às facetas ordenadora do Estado liberal e promovedora do Estado Social de Direito, fazendo com que o Direito passasse a ser transformador. Com isso, a carta constitucional passou a ter condições de ofertar as promessas da modernidade, sendo vista como algo substantivo na medida em que contém valores que o pacto constituinte estabeleceu como possíveis de serem realizados (HOMMERDING, 2006, p. 21).

O texto maior "é o instrumento último de reivindicação de segurança dos cidadãos frente ao poder" (HOMMERDING, 2006, p. 21) e deve constituir a ação no Brasil, onde nunca constituiu, contendo um conjunto de promessas da modernidade que precisa ser resgatado (HOMMERDING, 2006, p. 22).

Para fins do presente trabalho, a análise da jurisdição constitucional está centralizada nos direitos de segunda dimensão os quais, previstos a partir do art. 6º da CF/88, abriram a possibilidade de transformação da sociedade a partir do Direito. Contudo, o Brasil atravessou o século XX e as três fases de evolução do Estado (estado liberal na pré-modernidade, estado social na modernidade e estado neoliberal na pós-modernidade) sem ter conseguido resolver satisfatoriamente os problemas atinentes à desigualdade social e à maneira pela qual trata, pela via jurídica, incluídos e excluídos, de forma que não se consegue efetivar os direitos fundamentais sociais de modo a assegurar um mínimo essencial ao desenvolvimento das pessoas (CAMBI, 2009, p. 215).

Nessa perspectiva, os direitos sociais não conseguem ultrapassar a barreira de "simples promessas", vinculadas ao legislador que se omite em regulamentá-los e integrá-los[49]. Dessa forma, a separação de Poderes torna-se um obstáculo intransponível, já que, sob uma visão rígida das funções típicas de cada Poder, não cabe aos magistrados substituir o legislador (CAMBI, 2009, p. 215).

Contudo, consoante argumenta Cambi (2009, p. 499),

> A constitucionalização dos direitos fundamentais, especialmente os sociais, não pode ser reduzida a simples declarações retóricas ou limitada a vagos programas políticos irrelevantes. A Constituição e as leis não resolvem por si sós os problemas sociais, mas a sua solução também está associada à deficiente concretização normativa dos textos constitucionais e leis.

---

(49) Na prédica de Krell (2002, p. 88), "Torna-se cada vez mais evidente que o vetusto princípio da Separação dos Poderes, idealizado por Montesquieu no século XVIII, está produzindo, com sua grande força simbólica, um *efeito paralisante* às reivindicações de cunho social e precisa ser submetido a uma nova leitura, para poder continuar servindo ao seu escopo original de garantir Direitos Fundamentais contra o arbítrio e, hoje também, a omissão estatal".

Considerando que a Constituição Federal é condição de possibilidade para a transformação social, não se pode atribuir a ela um valor meramente procedimental, devendo-se ampliar a visão que se tem em relação à Constituição, ao Poder Judiciário e ao processo como instrumento para exercício da jurisdição (HOMMERDING, 2006, p. 23).

Diante disso, cabe analisar que papel a jurisdição constitucional tem desempenhado na concretização dos direitos sociais trabalhistas, uma vez que, de acordo com a matriz substancialista, o judiciário não pode mais ficar adstrito a uma postura passiva diante das demandas da sociedade.

### 4.2. O protagonismo judiciário na consagração dos direitos sociais

A legislação dos direitos sociais, juntamente como as pressões centrífugas resultantes das inovações tecnológicas, dos novos paradigmas industriais e da transnacionalização dos mercados e dos direitos, é que marca o início da transformação da função jurisdicional do Estado (SPENGLER, 2010, p. 133).

O século XX mostrou-se generoso para o Direito, pois o estado democrático agrega um *plus* normativo, adquirindo uma função transformadora, uma vez que os textos constitucionais contêm a explicitação das possibilidades para o resgate das promessas incumpridas da modernidade, sobretudo em países como o Brasil, de modernidade tardia em que o *Walfare state* não passou de um simulacro (STRECK, 2006, p. 265-320).

Sabe-se, de antemão, que os direitos sociais referem-se ao conjunto de direitos e de garantias que asseguram ao indivíduo um mínimo de bem-estar de acordo com os padrões de dignidade da pessoa humana que prevalecem na sociedade. Embora o titular desses direitos continue sendo o homem em sua individualidade, eles são considerados em seu caráter social, já que destinados a assegurar à sociedade melhores condições de vida (GORCZEVSKI, 2009, p. 134).

A CF/88 tratou dos direitos sociais em seus já referidos arts. 6º e 7º, enunciando como tais os direitos à educação, à saúde, à alimentação, ao lazer, à moradia, à segurança, à previdência social, à proteção à maternidade e à infância, à assistência aos desamparados e ao trabalho.

Dentre os valores fundamentais sociais acima elencados, interessam para o estudo do presente trabalho os direitos trabalhistas previstos no art. 7º da CF/88, cujo rol, apesar de extenso, é meramente exemplificativo, como se denota da redação da parte final de referido diploma legal.

A inserção dos direitos individuais e coletivos na CF/88 contribuiu para a valorização da igualdade material, na sua condição de direito inafastável de todos os trabalhadores, invocado tanto na fase pré-contratual quanto na execução do contrato de trabalho (MACHADO, 2011, p. 97).

Os direitos sociais, e por consequência o direito ao trabalho, são os que mais experimentam dificuldades em serem protegidos e efetivados, e, para esse descumprimento, apontam-se razões políticas e econômicas, podendo-se citar como exemplo o próprio direito ao trabalho e à remuneração justa (MACHADO, 2011, p. 95). Em contrapartida, apresenta-se o judiciário como a "tábua de salvação" para a efetivação desses direitos, o qual é invocado a tomar decisões de natureza política[50].

Todavia, como adverte Cambi (2009, p. 247),

> [...] a alternativa ao passivismo judiciário não é o ativismo tosco, pelo qual o juiz estaria livre para julgar conforme seu senso de justiça. Pregar que o juiz pode ignorar a Constituição ou as leis, os precedentes judiciais que buscaram interpretá-las e os ensinamentos doutrinários que os aclararam, para permitir que o juiz impusesse o seu próprio ponto de vista, abriria um enorme espaço para a tirania. A intervenção jurisdicional não é ampla e incondicionada. Depende de prévia verificação da violação dos direitos fundamentais. Nestas hipóteses, o judiciário não pode se eximir de tutelar esses direitos. Dentro dos parâmetros estabelecidos pela argumentação jurídica, sempre mediante decisões motivadas e voltadas à legitimação do exercício do poder jurisdicional, o protagonismo judiciário, assim compreendido, justifica-se.

A proteção desses novos direitos demanda uma ação estatal que se mostre apta a financiar subsídios, removendo barreiras sociais e econômicas para a promoção de programas sociais que atinjam as expectativas legitimadas por esses direitos (SPENGLER, 2010, p. 133).

A busca frenética pelo reconhecimento e pela efetivação dos direitos sociais é uma tarefa árdua que não se satisfaz com o "mero" ingresso nas constituições, demandando uma perfeita adequação entre a constituição-realidade e a constituição-lei, ou seja, a tarefa do Estado é, depois de reconhecer sua legitimidade, cumprir a constituição em conformidade com as exigências da ordem econômica, política e social (BONAVIDES, 2003, p. 186).

---

(50) Com propriedade, Leal (2000, p. 72) adverte que, "[...] no Estado Social de Direito, as garantias e os direitos sociais conquistados e elevados à norma constitucional, não podem ficar relegados em uma região ou conceituação meramente programática, enquanto promessa de um futuro promissor, a serem cumpridas pelo legislador infraconstitucional, mas impõe uma vinculação direta e orgânica frente aos Poderes instituídos. Não sendo assim, aquelas conquistas não seriam eficazes e, tampouco, estariam qualificando, valorativamente, este Estado como social de Direito".

Como adverte LIMA (2005, p. 216-7), é preciso romper toda e qualquer cumplicidade da jurisdição constitucional com as elites do poder, responsáveis pelas históricas estruturas de desigualdade. A jurisdição constitucional deve ser independente para cumprir sua missão de defensora dos princípios constitucionais para a concretização de uma ordem social justa.

Levando-se em consideração que os direitos fundamentais são o ponto de partida do Estado Democrático de Direito, a democracia substancial afigura-se como o meio de realização, no âmbito jurisdicional, desses direitos (HOMMERDING, 2006, p. 25).

Portanto, deve-se analisar até que ponto e quais os meios pelos quais a jurisdição constitucional pode imprimir efetividade aos direitos sociais trabalhistas no que diz respeito à tutela específica do trabalhador do sexo feminino, haja vista que, no Brasil, em que pese colocar-se, perante os organizamos internacionais, na condição de um país que promove a tolerância e a coexistência entre os indivíduos[51], ainda se constata uma bem definida desigualdade de tratamento, em prejuízo de certos grupos, dentro os quais necessariamente se inclui o das mulheres (MACHADO, 2011, p. 92).

Para a correta compreensão das possibilidades de efetivação da proteção da mulher pela via da jurisdição constitucional, faz-se necessário compreender as figuras jurídicas da judicialização e do ativismo judicial, objetos de estudo do próximo tópico.

### 4.3. A judicialização e o ativismo judicial

Quando se fala em jurisdição constitucional, imediatamente se recorre aos fenômenos do ativismo judicial e da judicialização, sendo que, por vezes, equivocadamente, são tratados como sinônimos. Todavia, como bem salienta M. Leal (2012, p. 39), "es posible decirse, por lo tanto, que judicialización y activismo judicial constituyen fenómenos que se intercomunicam, pero no se identifican".

Em uma análise preliminar, a noção de ativismo judicial pode ser sintetizada como sendo uma disfunção no exercício da "função jurisdicional, em detrimento, notadamente, da função legislativa" (RAMOS, 2010, p. 107).

O ativismo judicial, cuja origem se localiza na jurisprudência americana, está relacionado a uma maior e mais intensa participação do Poder Judiciário

---

(51) Para Reis (2012, p. 22), "Particularmente, no Brasil, o tema da discriminação comporta fortes doses de invisibilidade. O mito de brasilidade, e em especial de uma conaturalidade para a cordialidade, forjado nos círculos acadêmicos e massificado pela cultura popular, traz consigo, como bem denuncia Jossé Souza, a 'suposta ausência de preconceito e predisposição e abertura para todas as possibilidades de encontro cultural e humano'".

na concretização dos valores preconizados na CF/88 interferindo no âmbito de atuação do Poder Executivo e do Poder Legislativo (BARROSO, 2008, p. 5). Em outras palavras, pode ser conceituado como sendo o "desrespeito aos limites normativos substanciais da função jurisdicional" (RAMOS, 2010, p. 138)[52].

No caso do Brasil, o ativismo judicial iniciou timidamente durante o período de democratização para se consolidar nos anos 2000, por meio de uma atuação mais forte do Supremo Tribunal Federal[53], que se firmou como precursor de um ativismo judicial solidificado sobre estruturas de decisão que ultrapassam os casos concretos para expandir seus efeitos de maneira *erga omnes* (SILVA, 2010, p. 91)[54].

A noção do ativismo manifesta-se, por exemplo, na aplicação da CF/88 para casos que não estão expressamente previstos em seu texto, no estabelecimento de obrigações positivas e negativas pelo Poder Público e na declaração de inconstitucionalidade de atos normativos advindos do legislador, baseados em critérios mais flexíveis (BARROSO, 2008, p. 5).

Na visão procedimentalista, o ativismo judicial

> [...] só pode ser compreendido a partir das transformações da democracia e da crise das idéias e ações republicanas, que padecem de força política para promover as referências necessárias para a vida em comunidade. Para suprir as lacunas de identidade e de autoridade, os magistrados são chamados a se manifestar sobre os diversos campos da vida social, isto é, a vida política, a vida econômica, a vida privada, a vida internacional, a vida moral. Todas elas são afetadas pelo julgamento da jurisdição (HOMMERDING, 2006, p. 19).

Ressalta-se que o exame do ativismo judicial de natureza constitucional não se restringe ao controle de constitucionalidade (jurisdição constitucional em sentido estrito), pois, em razão da supremacia funcional dos órgãos judiciários (atuação mais decisiva na interpretação/aplicação da Constituição),

---

(52) Segundo Barroso (2009, p. 336), em sentido oposto ao ativismo tem-se a "autocontenção judicial", que ocorre quando o Poder Judiciário tenta reduzir sua interferência, evitando a aplicação direta da Constituição a situações que não estejam no âmbito de sua incidência expressa aguardando o legislador ordinário, ou quando utiliza de critérios rígidos e conservadores para a declaração de inconstitucionalidade de leis e atos normativos ou ainda quando se abstém de interferir na definição de políticas públicas.

(53) Sobre o fato de o STF ser o responsável por essa tarefa no Brasil, Silva (2010, p. 91) aponta duas razões: "(a) tem paulatinamente, transmudado a sua própria interpretação constitucional; (b) produz, com esse modo de proceder, um cada vez mais alto grau de institucionalização de si próprio".

(54) Acerca dos fatores de impulsão do ativismo judiciário no Brasil, Silva (2010, p. 268) salienta que "O primeiro elemento de impulsão do ativismo judiciário está relacionado ao modelo de Estado que o constitucionalismo pátrio vem prestigiando desde a Carta de 1934; o do Estado democrático-social, de perfil intervencionista".

o ativismo judicial pode se dar na fiscalização de atos legislativos ou administrativos/normativos, no âmbito do controle de atos administrativos de natureza concreta, de atos jurisdicionais atribuídos a outro Poder ou de atos relativos ao exercício da função de chefia de Estado (RAMOS, 2010, p. 140).

Segundo Dworkin (2003, p. 215),

> O programa do ativismo judicial sustenta que os tribunais devem aceitar a orientação das chamadas cláusulas constitucionais vagas [...]. Devem desenvolver princípios de legalidade, igualdade e assim por diante, revê-los de tempos em tempos à luz do que parece ser a visão moral recente da Suprema Corte [...].

Todavia, em que pese o ativismo judicial ir além das linhas demarcatórias da função jurisdicional, em detrimento, principalmente, da função legislativa, é importante ressaltar que não se trata de exercício desmedido da legiferação, mas, sim, da descaracterização da função típica do Poder Judiciário, com a irrupção sobre o núcleo essencial de funções que, essencialmente, são atribuídas a outros Poderes (RAMOS, 2010, p. 117).

Já a judicialização importa no protagonismo invocado pelo Poder Judiciário na tomada de decisão de questões que, via de regra, são de competência de outras instâncias políticas (BARROSO, 2008, p. 3). Tem como principal característica, portanto, uma transferência de decisões de competência ordinária de outros poderes para o judiciário, fazendo com que o direito seja construído a partir da decisão dos casos concretos pelos juízes (LEAL, 2012, p. 38).

Nesse sentido, explica Barroso (2008, p. 3) que

> [...] a judicialização envolve uma transferência de poder para juízes e tribunais, com alterações significativas na linguagem, na argumentação e no modo de participação da sociedade. O fenômeno tem causas múltiplas. Algumas delas expressam uma tendência mundial; outras estão diretamente relacionadas ao modelo institucional brasileiro.

A judicialização como resposta do poder judiciário aos problemas que o sistema político não se mostra capaz de elucidar atribui um ônus de expectativa ao judiciário que ele não consegue suprir à altura (SOUSA SANTOS, 2007, p. 23). Todavia, o sistema judicial não se pode desincumbir desse encargo, devendo assumir a quota-parte de responsabilidade. Do contrário, continuará a ser independente do ponto de vista corporativo, mas cada vez mais irrelevante do ponto de vista social e político, deixando de ter aliados na sociedade para se isolar cada vez mais (SOUSA SANTOS, 2007, p. 34).

Portanto, judicialização e ativismo judicial são fenômenos que possuem pontos em comum, intercomunicam-se, mas não se confundem, possuindo traços e características distintas que precisam ser corretamente delineados para a própria compreensão da amplitude e da importância da jurisdição constitucional no direito contemporâneo.

### 4.4. O Judiciário como legislador positivo ou negativo

Inegavelmente, no Brasil, onde o Poder Legislativo historicamente tem se portado de forma fisiológica e o Poder Executivo de forma dominadora, o Poder Judiciário é visto como esperança para os que creem na justiça. Todavia, o Poder Judiciário é ainda um poder desprestigiado que não conquistou seu estado de Poder Constitucional, pois não vem atuando como instância de poder independente, e, sim, como caudatário do Poder Executivo que se apodera de grande parte de sua competência constitucional (SILVA, 2002, p. 173).

Segundo as posições tradicionalistas, o judiciário, ao exercer o controle de constitucionalidade de uma lei ou de um ato normativo, deve apenas legislar negativamente sob pena de comprometer o princípio da separação dos poderes, ou seja, considerar a lei inválida com eficácia *erga omnes* ou deixar de aplicá-la no caso concreto (controle difuso), considerando-a inconstitucional[55] (CAMBI, 2009, p. 290).

O ponto central da vedação do Poder Judiciário como legislador positivo reside numa visão retrógrada do Princípio da Separação dos Poderes, cujo objetivo seria proteger os indivíduos em face das ações arbitrárias do Estado.

Como adverte Lima (2005, p. 250), a separação dos poderes é tida como garantia para a existência de um regime democrático de forma que "a usurpação do poder pela Corte Constitucional faz com que ela deixe de ser a guardiã da Constituição, para ser ela própria um órgão legiferante e uma constituição permanente".

Entretanto, esse posicionamento sofre severas críticas, porquanto a função do judiciário não é somente descrever significados, mas reconstruir o caso concreto. Dessa maneira, cabe-lhe, sim, efetivar os direitos fundamentais (em especial os sociais que são os que mais sofrem com a inércia legislativa[56]),

---

(55) Nesse sentido, por ocasião do julgamento da ADPF 54, o Ministro do Supremo Tribunal Federal Ricardo Lewandowski defendeu esse posicionamento afirmando que "O STF, à semelhança das demais cortes constitucionais, só pode exercer o papel de legislador negativo, cabendo a função de extirpar do ordenamento jurídico as normas incompatíveis com a Constituição".

(56) Sobre a descrença nas entidades representativas e a consequente necessidade de chamamento do judiciário, Cappelletti (1999, p. 95) aduz que "realmente emerge da análise do Congresso e da Presidência não é o simples retrato de organismos democráticos e majoritários, que dão voz à vontade popular e são

a despeito de omissões/lacunas legislativas, viabilizando a aplicabilidade imediata de tais direitos independentemente de lei (CAMBI, 2009, p. 291).

Discorrendo sobre as críticas ao constitucionalismo clássico, Binenbojm (2001, p. 61) contextualiza que "toda atividade judicial em matéria constitucional tem uma dimensão essencialmente criativa, de forma a adaptar o frio relato normativo às circunstâncias específicas de cada caso".

Para o mencionado autor, a missão do Poder Judiciário vai além da simples função de legislador negativo, pois os juízes, ao desempenharem a sua função de interpretar a Constituição, devem ser permeáveis aos valores políticos que correspondem aos ideais da razão pública, explicitando o conteúdo dessa razão pública por meio de argumentos racionais, desempenhando, assim, um papel educativo e pedagógico para a cidadania ao situar no centro do debate político os valores constitucionais (BINENBOJM, 2001, p. 81-2).

Essa concepção ultrapassada precisa ser revista, sobretudo no que diz respeito aos direitos sociais, em que a atuação positiva dos juízes revela-se essencial para a salvaguarda e a promoção desta categoria de direitos fundamentais. E isso não importa negação (talvez mitigação) do modelo brasileiro de democracia representativa (R. LEAL, 2007, p. 37).

Sobre o tema, Moro entende que (2001, p. 104)

> O dogma da vedação à atuação judicial como "legislador positivo" não tem, portanto, base racional, não sendo, outrossim, decorrente de comando constitucional expresso. Admiti-lo por construção jurisprudencial vai de encontro ao princípio da Supremacia da Constituição e ao princípio da efetividade deste decorrente, apenas representando abdicação indevida pelo Judiciário da função de controle atribuída pela Constituição.

A questão que se suscita é que o ponto nodal das constituições contemporâneas reside na formulação de novas técnicas para efetivação dos direitos fundamentais de maneira a promover o desenvolvimento social, sobretudo em relação aos direitos sociais. Tais direitos, apesar de possuírem o mesmo *status* normativo dos demais direitos fundamentais, estabelecem um fim sem escolherem os meios para serem efetivados, não impondo ao poder um público um comportamento a ser observado e exigido (CAMBI, 2009, p. 291).

---

responsáveis perante ela, mas antes a complexa estrutura política na qual grupos variados procuram vantagem, manobrando entre vários centros de poder. O que daí resulta não é necessariamente a enunciação da vontade da maioria (...), e sim, frequentemente, o compromisso entre grupos com interesses conflitantes".

O ativismo judicial, enquanto modelo de participação mais ampla e intensa na concretização dos valores e dos fins constitucionais, com maior interferência no espaço de atuação dos poderes executivo e legislativo (BARROSO, 2008, p. 6), quando devidamente dosado (levando-se em consideração o mínimo existencial e a reserva do possível), inegavelmente tem o condão de servir como instrumento de concretização dos princípios fundamentais e dos valores democráticos.[57]

Nesse sentido, Barroso (2009, p. 346) alerta que o ativismo judicial é um poderoso remédio que deve ser utilizado moderadamente, pois, se ministrado de forma exagerada, pode-se morrer da cura, ou seja, o judiciário não pode fazer reforma política porquanto esta não pode ser feita por juízes.

A despeito da recomendada cautela, o que se depreende é que atualmente o papel do juiz não é apenas de árbitro ou de jurista, mas de conciliador, pacificador das relações sociais e, ainda, de motivador de uma política pública (GARAPON, 1999, p. 24).

Como já visto, os direitos de segunda dimensão não se assemelham aos tradicionais direitos de liberdade, demandando do poder público um leque de políticas públicas capazes de atender às expectativas geradas pela positivação desses direitos na Constituição. Assim, o poder judiciário deve despir-se de sua cultura normativista, positivista, uma vez que exige uma interpretação *praeter legem*, fazendo valer os direitos mais elementares dos cidadãos (FARIA, 1994, p. 95).

Registra-se que, no caso do Brasil, a posição majoritária do Supremo Tribunal Federal, senão consensual, é no sentido de que as normas atinentes aos direitos fundamentais sociais de cunho prestacional são normas de eficácia limitada. Dessa forma, dependentes de políticas públicas adequadas. Desse modo, o poder judiciário apresenta-se "autorizado" a convolá-las em normas de eficácia plena e aplicabilidade imediata quando da inércia na tomada de providências legislativas e administrativas reclamadas ao poder público (RAMOS, 2010, p. 265).

Portanto, o cumprimento efetivo dos direitos sociais não passa por uma nova "teoria democrática", mas por outros caminhos (vontade política e participação da sociedade civil para a construção de um Estado, por exemplo) e, fundamentalmente, pelo redirecionamento do poder judiciário como um todo (KELLER, 2001, p. 103).

---

(57) Nesse sentido, Ramos (2010, p. 308) salienta que "Essa ultrapassagem das linhas demarcatórias, da função jurisdicional se faz em detrimento, particularmente, da função legislativa, não envolvendo o exercício desabrido da legiferação (ou de outras funções não jurisdicionais) e sim a descaracterização da função típica do Poder Judiciário, com incursão insidiosa sobre o *núcleo essencial* de funções constitucionalmente atribuídas a outros Poderes" (grifos do autor).

Essa percepção é fundamental para que se consiga imprimir alcance e efetividade aos direitos sociais, inclusive aqueles destinados a proteger e a promover determinados grupos de indivíduos.

### 4.5. Jurisdição constitucional no direito comparado quanto ao tratamento isonômico dos direitos sociais nas relações de trabalho

Para fechamento do presente capítulo, propõe-se verificar como, no Direito Comparado, a jurisdição constitucional tem-se comportado ao longo da história frente à preservação do tratamento isonômico dos direitos sociais nas relações de trabalho.

Por razões metodológicas, em razão do eixo temático da presente pesquisa, centraliza-se o tópico na análise da jurisdição constitucional em casos marcantes, frente às questões de gênero.

O primeiro caso é da Suprema Corte dos Estados Unidos da América, que é considerada uma das grandes pioneiras nos conceitos jurisprudenciais sobre discriminação laboral (ALVES LIMA, 2011, p. 182). Trata-se da decisão proferida no caso *Price Waterhouse v. Hopkins*.

A demandante, Ann Hopkins, processou seu empregador, Price Waterhouse, alegando que lhe fora negada uma promoção em razão de a empregada ser mulher.

Para solução do caso, a Suprema Corte aplicou a *teoria dos motivos mistos*, ou seja, de que o empregador possuía fatores legítimos (problemas de personalidade), como fatores ilegítimos (gênero sexual[58]), mas que os últimos foram os preponderantes para a negativa da promoção. Assim, acolhendo a tese da empregada, entendeu que a atitude importava em discriminação sexual, nos termos do Título VII do Ato dos Direitos Civis de 1964.

> The U.S Supreme Court recognized mixe-motive claims for discrimination in Title VII in the gender discrimination case of Price Waterhouse v Hopkins (1989; see LegalSpeak, p. 229). Ann Hopkins sued Price Waterhouse after she did not make partner at the accounting firm. Hopkins introduced evidence of gender stereotyping in the workplace. However, the employer said that Hopkins was too brusque and had personality issues that motivated the decision in part. The question before the U.S Supreme Court was how deal with cases in which an employer had both a permissible and impermissible motive — a mixed-motive case.
>
> Under a mixed-motive claim, a plaintiff must show that an illegitimate motive (gender discrimination) played a role in the employer`s decision against the

---

(58) Segundo Wolf (1992, p. 50), foi recusada a participação societária "porque ela precisava aprender a caminhar, falar e se vestir 'com mais feminilidade' e a 'usar maquiagem'".

employee. If the employee meets this burden, the employer must then show that it would have made the same decision against the employee regardless of the bad motive.⁽⁵⁹⁾ (HUDSON JUNIOR, 2010, p. 228).

O caso é especialmente paradigmático, pois, além de reprovar a conduta discriminatória do empregador com fundamento na Lei dos Direitos Civil de 1964, estabeleceu questões importantes sobre o ônus da prova. É o que se depreende de trecho da decisão abaixo transcrita:

> Each time, we have concluded that the plaintiff who shows that an impermissible motive played a motivating part in an adverse employment decision has thereby placed upon the defendant the burden to show that it would have made the same decision in the absence of the unlawful motive.
>
> Finally, an employer may not meet its burden in such a case by merely showing that, at the time of the decision, it was motivated only in part by a legitimate reason. [...] The employer instead must show that its legitimate reason, standing alone, would have induced it to make the same decisión (EUA, 1993).⁽⁶⁰⁾

Ao discorrer sobre a relevância do caso, Alves Lima (2011, p. 184) lembra que a decisão foi extremamente importante na medida em que abriu caminho para a fixação de conceitos sobre a discriminação.

O segundo caso também é da Suprema Corte norte-americana: *Mississipi University for Women v. Hogan*, que trata da denominada discriminação inversa (modalidade de discriminação que será oportunamente analisada no item 5.1 do próximo capítulo).

Nesse processo, um candidato questionava a existência de uma faculdade de enfermagem destinada única e exclusivamente para as mulheres, ou seja,

---

(59) A Suprema Corte dos EUA reconheceu a *Teoria dos Motivos Mistos* de discriminação no Título VII, no caso de discriminação de gênero *Price Waterhouse v. Hopkins*. Ann Hopkins processou Price Waterhouse depois que ela não se tornou sócia do escritório de contabilidade. Hopkins apresentou evidências de estereótipos de gênero no ambiente de trabalho. No entanto, o empregador disse que Hopkins era muito brusca e tinha problemas de personalidade que motivaram a decisão em parte. A questão perante a Suprema Corte dos EUA era como lidar com casos em que o empregador tinha tanto um motivo admissível e inadmissível — Um Motivo Misto. Sob a alegação de motivo misto, um requerente deve demonstrar que um motivo ilegítimo (discriminação de gênero) desempenhou um papel importante na decisão do empregador em detrimento do empregado. Se o empregado cumpre esse fardo, o empregador deve, em seguida, mostrar que ele teria tomado a mesma decisão contra o empregado, independentemente do motivo ilegítimo (tradução livre).

(60) Cada vez, concluímos que o requerente que mostra que um motivo inadmissível desempenhou um papel motivador de uma decisão desfavorável do emprego coloca sobre o réu o ônus de demonstrar que teria feito a mesma decisão na ausência do motivo ilegal. [...]
Finalmente, o empregador não pode cumprir a sua carga em tal caso por apenas mostrando que, no momento da decisão, ele foi motivado apenas em parte por uma razão legítima. [...] O empregador deve comprovar que seu motivo legítimo, sozinho, teria induzido-lo para tomar a mesma decisão (tradução livre).

segundo o autor da demanda, a existência dessa reserva de "ensino" causava uma discriminação inversa.

A decisão da Suprema Corte foi em benefício do demandante, Joe Hogan, no sentido de que a política de admissão da instituição de ensino só seria válida se comprovasse uma necessária compensação às mulheres em razão de alguma discriminação passada sofrida no exercício da profissão de enfermeira.

É o que se extrai do trecho do julgado que segue:

> The single-sex admissions policy of MUW's School of Nursing cannot be justified on the asserted ground that it compensates for discrimination against women and, therefore, constitutes educational affirmative action. A State can evoke a compensatory purpose to justify an otherwise discriminatory classification only if members of the gender benefited by the classification actually suffer a disadvantage related to the classification. Rather than compensating for discriminatory barriers faced by women, MUW's policy tends to perpetuate the stereotyped view of nursing as an exclusively woman's job. Moreover, the State has not shown that the gender-based classification is substantially and directly related to its proposed compensatory objective. To the contrary, MUW's policy of permitting men to attend classes as auditors fatally undermines its claim that women, at least those in the School of Nursing, are adversely affected by the presence of men[61].

Por ocasião do julgamento, a Suprema Corte chamou a atenção para uma forma de discriminação conhecida como segregação horizontal (vide capítulo 5.1), que consiste no isolamento profissional da mulher em ocupações estereotipadas como sendo "próprias e exclusivas da mulher".

Sobre a atuação da Suprema Corte, Cruz (2003, p. 203) pondera que, apesar dos erros e dos retrocessos, não há como negar que ela tem desempenhado um papel de relevância na construção de uma sociedade plural nos Estados Unidos.

---

(61) A política de admissão do mesmo sexo da Escola de Enfermagem da MUW não pode ser justificada sob a afirmação de que compensa a discriminação contra as mulheres e, portanto, constitui ação afirmativa educacional. Um Estado pode invocar uma finalidade compensatória para justificar uma classificação de outra forma discriminatória somente se os membros do sexo beneficiado pela classificação realmente sofrem uma desvantagem relacionada com a classificação. Em vez de compensar as barreiras discriminatórias enfrentadas pelas mulheres, a política da MUW tende a perpetuar a visão estereotipada de enfermagem como trabalho de uma mulher com exclusividade. Além disso, o Estado não demonstrou que a classificação baseada no gênero é substancialmente e diretamente relacionada ao seu objeto de compensação proposto. Ao contrário, a política da MUW de permitir aos homens assistir a aulas como auditores fatalmente prejudica sua alegação de que as mulheres, pelo menos as da Escola de Enfermagem, são prejudicadas pela presença de homens (tradução livre).

O terceiro caso é da Suprema Corte do Canadá, conhecido como Canada v. Massop. Em 1985, Brian Massop, então funcionário do governo federal, solicitou "licença luto" para acompanhar o funeral dos pais de seu companheiro, o que foi negado pelo empregador sob o fundamento de que o parceiro não era considerado, para os fins legais, "família imediata".

O funcionário então processou o Estado argumentado que teria sido vítima de discriminação com base em sua "situação familiar", conforme previsto na seção 3 da Lei Canadense de Direitos Humanos.

O caso chegou à Suprema Corte quando, então, decidiu-se pela improcecência da demanda, porquanto a maioria considerou que a legislação vigente havia propositadamente excluído a orientação sexual da lista de fundamentos proibidos de discriminação.

Isso fica claro no voto de um dos julgadores:

> When Mr. Mossop was denied bereavement leave in June 1985, the CHRA did not prohibit discrimination on the basis of sexual orientation. In my opinion, this fact is a highly relevant part of the context in which the phrase 'family status' in the Act must be interpreted. It is interesting to note in this regard that there was a recommendation by the Canadian Human Rights Commission that sexual orientation be made a prohibited ground of discrimination. Nevertheless, at the time of the 1983 amendments to the CHRA, no action was taken to implement this recommendation.
>
> [...] In my opinion, this fact is determinative. I find it hard to see how Parliament can be deemed to have intended to cover the situation now before the Court in the CHRA when we know that it specifically excluded sexual orientation from the list of prohibited grounds of discrimination contained in the Act. In the case at bar, Mr. Mossop's sexual orientation is so closely connected with the grounds which led to the refusal of the benefit that this denial could not be condemned as discrimination on the basis of 'family status' without indirectly introducing into the CHRA the prohibition which Parliament specifically decided not to include in the Act, namely the prohibition of discrimination on the basis of sexual orientation.[62]

---

(62) Quando ao Sr. Mossop foi negado licença por luto, em junho de 1985, o Ato Canadense de Direitos Humanos não proíbe a discriminação com base na orientação sexual. Na minha opinião, esse fato é uma parte muito relevante do contexto em que a expressão "situação familiar" na lei deve ser interpretada. É interessante notar a este respeito que havia uma recomendação da Comissão Canadense de Direitos Humanos de a orientação sexual ser um terreno proibido de discriminação. No entanto, no momento das 1.983 emendas à CHRA, nenhuma ação foi tomada para implementar esta recomendação.

[...] Na minha opinião, esse fato é determinante. Acho que é difícil ver como o Parlamento pode ser considerado como destinado a cobrir a situação agora perante o Tribunal no CHRA quando sabemos que ele especificamente excluiu a orientação sexual da lista de fundamentos proibidos de discriminação contida na lei. No caso em tela, a orientação sexual do Sr. Mossop está tão intimamente ligada com os motivos que levaram à recusa do benefício que essa negação não poderia ser considerada como discriminação com base na "situação familiar"

Apesar do desfecho desfavorável, a decisão foi importante por ser a primeira da Suprema Corte envoldendo a igualdade para os *gays* e por acender um debate nacional acerca do tema.

Salutar também analisar as decisões proferidas pelo Tribunal de Justiça da Comunidade Europeia, que são notáveis em matéria de discriminação laboral.

A Comunidade Econômica Europeia foi criada em 1957 pelo Tratado de Roma, contendo cláusula expressa (art. 119) sobre a igualdade de remuneração entre homens e mulheres para trabalhos iguais ou de mesmo valor (HEIDE, 1999, p. 428).

No caso de discriminação laboral, os empregados de instituições da comunidade europeia podem socorrer-se do Tribunal de Justiça da União Europeia postulando as devidas reparações[63] (HEIDE, 1999, p. 434).

Foi o que ocorreu na decisão polêmica e marcante prolatada no caso *Garland v. British Rail Engineering Limited*.

A empregadora tinha por política conceder redução no preço das tarifas ferroviárias aos seus ex-empregados, quer sejam homens, quer sejam mulheres. Todavia, estendia esse benefício apenas aos parentes dos ex--empregados do sexo masculino, o que levou a ex-funcionária, Eileen Garland, a reclamar judicialmente por aquilo que considerava ser uma discriminação (HEIDE, 1999, p. 440).

A demanda foi julgada procedente de maneira que o Tribunal de Justiça da União Europeia concluiu que todas as prestações complementares estendidas voluntariamente após a relação laboral estão amparadas pelo art. 119, que proíbe qualquer discriminação em razão do sexo (HEIDE, 1999, p. 441).

A ementa do julgado deixa claro o entendimento da Corte a respeito do tema:

1. The fact that an employer ( although not bound to do so by contract ) provides special travel facilities for former male employees to enjoy after their retirement

---

sem indiretamente introduzindo no CHRA a proibição que o Parlamento especificamente decidiu não incluir na Lei, ou seja, a proibição da discriminação com base na orientação sexual (tradução livre).

(63) Na lição de Heide (1999, p. 435), "Así pues, los tribunales nacionales tienen la posibilidad o, en última instancia, la obligación de remitirse al Tribunal de Justicia Europeo (TJE) cuando quiera que la legislación europea sea pertinente en un asunto determinado. La inobservancia de este deber constituye una infracción de la legislación comunitaria que puede dar lugar a que se actúe por incumplimiento de la ley contra el Estado de que se trate. Las cuestiones transmitidas al TJE y las respuestas de éste adoptan normalmente la forma de un «diálogo entre magistrados «abstracto. Después, el tribunal nacional, al dictar sentencia firme, debe aplicar a la causa en cuestión la interpretación de la legislación comunitaria emanante del TJE".

constitutes discrimination within the meaning of article 119 against former female employees who do not receive the same facilities.⁽⁶⁴⁾

Outra contenda judicial de repercussão histórica na promoção da igualdade do trabalhador do sexo feminino é o famoso *Kreil v. Bundersrepublik Deutschland* (Processo C-285/98). A autora, Tanja Kreil, pretendia trabalhar como técnica eletrônica militar, mas a lei e a constituição alemã proibiam às mulheres o desempenho de funções que exigissem o manuseio de armas militares. A requerente, sentindo-se discriminada em relação aos homens, questionou a contradição entre a legislação interna, que proibia a atividade às mulheres, e ao tratado da união europeia, que previa a diretiva relativa à igualdade de gênero nas funções públicas e privadas (Diretiva 76/207/CEE do Conselho, de 9 de fevereiro de 1976).

Assim, a autora interpôs recurso no tribunal administrativo de Hannover, e a República da Alemanha defendeu-se alegando sua soberania na organização de suas forças armadas.

O Tribunal, por seu turno, decidiu que a Lei Alemã, embora válida, não pode ser aplicada porque se contrapõe à diretiva da união europeia relativa à igualdade de gênero. Ou seja, o tribunal não pode invalidar a lei, mas pode determinar que não seja aplicável em razão de sua colisão com a diretiva comunitária sobre a igualdade de gênero.

Um dos efeitos positivos desse julgado é que, atualmente, as mulheres podem ser empregadas na Alemanha nas forças armadas, fato que não acontecia desde a era nazista, quando, a partir de então, a atividade das mulheres ficou restrita aos serviços de saúde e às bandas de música.

Além do combate à desigualdade, o Tribunal de Justiça da União Europeia produziu importantes decisões a respeito de medidas protetivas e das ações afirmativas em favor dos trabalhadores do sexo feminino.

Exemplo disso é o caso Hellmut Marshal contra Estado de Renania del Norte-Westfalia (*Marschall v. Land Nordrhein Westfalen*), de 1997, em que o autor questionava uma lei dos funcionários públicos do estado que dava garantias específicas à mulher no ingresso no serviço público, o que, segundo o demandante, gerava uma discriminação com relação ao homem.

Neste caso,

[...] el Tribunal dictaminó que una ley nacional que da la prioridad a mujeres igualmente calificadas no está en conflicto con la legislación de la Comunidad

---

(64) "1. O fato de um empregador (embora não obrigado por contrato a fazê-lo) oferecer vantagens especiais para ex-empregados homens desfrutarem após a aposentadoria constitui discriminação na acepção do artigo 119 contra ex-funcionárias que não recebem os mesmos benefícios." (tradução livre).

siempre que las mujeres estén infrarrepresentadas en el sector laboral de se trate y no se excluya desde el principio al competidor varón. En sus considerandos, el Tribunal subrayóque persisten determinados prejuicios y estereotipos hondamente arraigados acerca de las funciones y capacidades de las mujeres en la vida laboral. Si la legislación nacional da la prioridad a las mujeres durante un período de transición con objeto de restablecer elequilibrio, esa legislación no contradice la Directiva 76/207/CEE, siempre ycuando se efectúe una evaluación objetiva de cada candidato. Así pues, en la actualidad la mayoría de las políticas de acción positiva en vigor en toda Europa deben ser tenidas por compatibles con la legislación europea (HEIDE, 1999, p. 455).

O tribunal deixou claro que as ações afirmativas em prol da mulher trabalhadora que vêm sendo adotadas em toda a Europa são bem-vindas, haja vista que compatíveis com a legislação Europeia e com todo o sistema normativo internacional que coíbe a discriminação em razão do sexo.

# 5

## A tutela especial em razão do gênero: proteção da mulher trabalhadora

A CF/88 elencou como objetivos fundamentais da república a promoção do bem de todos sem preconceito de origem, raça, sexo, cor, idade e quaisquer outras formas de discriminação[65]. Também assentou, como direito fundamental, a igualdade em direitos e obrigações entre homens e mulheres, nos termos da Constituição[66].

Assim, tem-se como objetivo do capítulo de encerramento do presente trabalho a análise dos fundamentos da tutela especial do trabalhador do sexo feminino, a identificação dos desafios da globalização para a proteção da mulher na relação de trabalho e da ausência de legislação sobre a proteção do trabalho da mulher mediante incentivos específicos e o risco para a promoção da isonomia de gênero, a reificação do trabalho feminino e, principalmente, a concretização da tutela especial da mulher trabalhadora pela via da jurisdição constitucional e o nível de contribuição desta na promoção da igualdade entre homens e mulheres na contemporaneidade.

### 5.1. Os fundamentos da tutela especial

Antes de se adentrar especificamente nos fundamentos da tutela especial no Direito, é importante traçar os marcos conceituais da discriminação.

Como visto no segundo capítulo do presente trabalho, em 1998 a CLT fixou oito convenções da OIT que constituem os denominados "Princípios

---

(65) "Art. 3º Constituem objetivos fundamentais da República Federativa do Brasil: [...]
IV — promover o bem de todos, sem preconceitos de origem, raça, sexo, cor, idade e quaisquer outras formas de discriminação."
(66) "Art. 5º [...]
I — homens e mulheres são iguais em direitos e obrigações, nos termos desta Constituição."

Fundamentais no Trabalho". Uma dessas convenções é a de n. 111, de 1958, que trata da discriminação no emprego.

Segundo se depreende da leitura do art. 1º do referido diploma internacional, a discriminação pode ser considerada "toda a distinção, exclusão ou preferência fundada na raça, cor, sexo, religião, opinião política, ascendência nacional ou origem social, que tenha por efeito destruir ou alterar a igualdade de oportunidades ou de tratamento em matéria de emprego ou profissão, bem como toda e qualquer distinção, exclusão ou preferência que tenha por efeito destruir ou alterar a igualdade de oportunidades ou de tratamento em matéria de emprego ou profissão, que poderá ser especificada pelo Estado-Membro interessado depois de consultadas as organizações representativas de patrões e trabalhadores, quando estas existam, e outros organismos adequados".

A qualificação da discriminação nos termos da Convenção n. 111 é duramente criticada, pois "pretende uma igualdade formal, de tratamento, e não uma melhora da condição dos empregados como um todo. A ideia de uma igualdade substancial, ou material, pressupõe uma igualdade de resultados e oportunidades" (BARZOTTO, 2007, p. 113).

Assim, compartilhando esse entendimento, não é nesse instrumento normativo internacional que se extrai o melhor significado e o melhor conteúdo da discriminação na relação de trabalho.

A palavra discriminação advém do latim *discrimino*, que significa separar, diferenciar, distinguir, tendo, portanto, em sua origem etimológica, uma neutralidade no sentido. Todavia, quando essa diferenciação está pautada por critérios injustificados, há a violação da dignidade do ser humano, sendo consequentemente inaceitável (NOVAIS, 2005, p. 30).

Dessa forma, o que interessa ser conceituado é a discriminação ilícita. Esta, segundo Delgado (2000, p. 97), é a "conduta pela qual se nega à pessoa tratamento compatível com o padrão jurídico assentado para a situação concreta por ela vivenciada".

Portanto, discriminar é fornecer um tratamento desfavoravelmente diferenciado a determinado indivíduo em razão de algum motivo ou característica específica (CANTELLI, 2007, p. 38).

Na conduta discriminatória, identificam-se o preconceito (ato de julgar alguém), a separação (censura) e a personificação (agregar a identidade da pessoa um traço seu extrínseco), que são os três elementos difundidos por aqueles considerados os transmissores e produtores de uma ideologia que são a família, a religião, a escola e os meios de comunicação (AEIXE, 2000, p. 335).

Na relação de trabalho, a discriminação consiste em "negar ao trabalhador a igualdade necessária que ele deve ter em matéria de aquisição e de manutenção no emprego, pela criação de desigualdades entre as pessoas" (BRITO FILHO, 2002, p. 43).

Reprovável em qualquer contexto, ela é ainda mais preocupante quando acontece no ambiente de trabalho, local onde originalmente o empregado encontra-se numa situação de inferioridade com relação ao empregador, possuindo menores condições de defender-se contra afrontas à sua dignidade e por ser o ambiente em que o indivíduo desenvolve suas potencialidades, realizando-se enquanto pessoa e membro da sociedade (GÓIS, 2010, p. 165).

Vale dizer que, no Direito do Trabalho, a discriminação é verificada, principalmente, nas relações que envolvem crianças e adolescentes, portadores de deficiência e trabalhadores do sexo feminino, com a aplicação de critérios não relevantes para o desempenho de uma determinada ocupação os quais "afastam o reconhecimento do contributo objetivo de determinado trabalhador para o bem comum" (BARZOTTO, 2012, p. 42).

Essa discriminação se pode dar de duas formas, direta ou indireta. A primeira, como já mencionado, é aquela fundamentada em critérios vedados pelo ordenamento jurídico, como gênero, religião, origem etc., verificando-se quando há a exclusão explícita de determinada pessoa em função de características específicas (CANTELLI, 2007, p. 152).

Por outro lado, a discriminação indireta ocorre quando, aparentemente, a atitude ou prática no espaço de trabalho revela-se neutra, mas, na realidade, tem um impacto prejudicial na pessoa ou no grupo de pessoas com características específicas (BARZOTTO, 2012, p. 44).

Para Cantelli (2007, p. 153),

> [...] a discriminação indireta é a que diz respeito a atos aparentemente neutros, mas que, indiretamente, geram um efeito desigual em determinada pessoa ou grupo, excluindo-os. Neste caso há uma aparência formal de igualdade mas que, de fato, cria desigualdade.
>
> É o que acontece, por exemplo, em processo de seleção que, injustificadamente, tenha como critério "disponibilidade integral de tempo".

Além da discriminação direta e da indireta, a doutrina classifica também a discriminação no trabalho de forma vertical (que impede à mulher a ocupação de postos de hierarquia mais elevada no emprego) ou horizontal (que limita a mulher a determinadas profissões consideradas "femininas").

Doutora em Serviço Social, Cisne (2012, p. 49), ao discorrer sobre a divisão sexual do trabalho no Serviço Social, expõe que a construção social que se faz sobre a mulher, de ter a natural vocação para a solidariedade e para o altruísmo, é apropriada como uma estratégia de intervenção junto à classe trabalhadora, com o inequívoco objetivo de atender aos interesses do capital. Tal processo é fruto de uma sociedade patriarcal que institui hierarquicamente o que é trabalho de homens e de mulheres.

Essa discriminação horizontal é o principal fator gerador da diferença de salários entre homens e mulheres, tendo em vista que isola as mulheres em ocupações consideradas femininas (enfermeira, professora, secretária etc.) a despeito de sua instrução escolar (BARROS, 2007, p. 14).

Ainda para Barros (2007, p. 15), "a teoria sociossexual" é a mais útil de explicar o porquê de as mulheres, mesmo conscientes das vantagens pecuniárias das profissões exercidas por homens, continuarem a exercer profissões tidas por "próprias da mulher", pois essa teoria, atenta para

> [...] fatores alheios ao mercado de trabalho, centralizando-se nos estereótipos comuns e dominantes na sociedade a respeito das mulheres. Elas ainda padecem do ordenamento patriarcal da sociedade e na família, que lhes confere predominantemente os cuidados com os filhos e os afazeres do lar, e ao homem o sustento econômico. Essa mentalidade reflete-se no campo do trabalho sob a forma de estereótipos negativos a respeito das mulheres [...].

Já a discriminação vertical, que afasta as mulheres dos trabalhos com salários mais elevados em razão da hierarquia, deve-se a inúmeros fatores como a falta de qualificação (pois desde a infância foram orientadas para outras ocupações) e a descontinuidade da carreira em razão de gravidez, de parto e dos cuidados com os filhos (BARROS, 2007, p. 16).

Há ainda outra modalidade de discriminação denominada de autodiscriminação, que se caracteriza como espécie de autovigilância em que a mulher cria mecanismos internos de repressão que, moldando as opções profissionais, tornam certas escolhas impensáveis (NOVAIS, 2005, p. 36).

Nesses casos, por fatores cognitivos que acarretam alienação, as mulheres aceitam e acreditam que merecem um salário inferior, adotando como critério de comparação não a situação masculina, mas a de outras mulheres em iguais condições (COUTINHO, 2000, p. 32).

Da exposição acima, conclui-se que inúmeros fatores são os que justificam a necessidade e a importância da tutela específica da mulher no mercado de trabalho, mediante uma série de medidas visando ao estreitamento da desigualdade.

Quando se fala em tutela especial, deve-se ter em mente a existência de um tratamento legislativo diferenciado para uma determinada categoria de indivíduos. Denominada pela doutrina como discriminação positiva ou reversa, caracteriza-se pela série de medidas tomadas em favor dos grupos ou segmentos sociais que se encontram em situação de inferioridade, com o intuito de implementar igualdade de oportunidades dentro da estrutura social (NOVAIS, 2005, p. 38).

Esse tratamento diferenciado justifica-se para a promoção da igualdade material[67], porquanto, consoante se depreende da leitura da leitura do art. 5º, I, da CF/88, a isonomia pregada pelo constituinte é "nos termos da Constituição", ou seja, uma igualdade mitigada tendo em vista que homens e mulheres são juridicamente iguais, porém fisiológica e psicologicamente dessemelhantes, o que demanda num tratamento diferenciado para a correção dessa natural desigualdade.

A compreensão da tutela diferenciada como vetor para o alcance da igualdade material faz-se necessária haja vista que "tratamento desigual" e "tratamento discriminatório" não são sinônimos. Um tratamento desigual não significa propriamente uma prática discriminatória, já que um amplo número de tratamentos diferenciados deve ser aceito justamente para a garantia da igualdade (ALVES LIMA, 2011, p. 26).

A igualdade material permite o estabelecimento de uma situação de igualdade real entre os homens, por meio da atribuição de uma superioridade jurídica ao sujeito mais frágil[68] da relação (MACHADO, 2011, p. 27).

O estar "ombro a ombro" no ambiente de trabalho requer o reconhecimento entre os pares, uma vez que o trabalhador não quer ser identificado por suas particularidades além-trabalho, como o fato de ser homem ou mulher, crente ou não, portador de deficiência ou não (BARZOTTO, 2012, p. 41).

Nesse sentido é a lição de Alves Lima (2011, p. 36):

> A igualdade se traduz também em base axiológica de um grupo de direitos fundamentais os quais visam reduzir as desigualdades de fato, que são os direitos sociais. Entre eles, com amplo destaque, se encontram os direitos trabalhistas, sendo o direito a não ser discriminado no âmbito das relações de trabalho um dos mais importantes componentes.

---

(67) Vale recordar a lição de Rui Barbosa (1988, p. 21), segundo o qual "a regra da igualdade não consiste senão em aquinhoar desigualmente aos desiguais, na medida em que se desigualam (...). Tratar com desigualdade a iguais, ou a desiguais com igualdade, seria desigualdade flagrante, e não igualdade real".
(68) Essa fragilidade, segundo Pierucci (1995, p. 149), consiste naqueles "traços distintivos reais ou inventados, herdados ou adquiridos, genéticos ou ambientais, naturais ou construídos, partilhados vitalícia ou temporariamente por determinados indivíduos".

Assim, as proibições de discriminação trazidas pelo direito geral e especial são decorrência lógica do princípio da igualdade[69], apresentando-se como uma vertente negativa do referido princípio, ou seja, a obrigação de observância de tratamento isonômico implica um veto à prática de todo e qualquer ato discriminatório (MACHADO, 2011, p. 40-41).

No caso do contrato de trabalho, essa proteção se dá ainda na fase pré-contratual, quando a legislação proíbe qualquer prática discriminatória que obste o acesso à relação de emprego (Lei n. 9.029/95[70]), como a exigência de teste de gravidez, ou, ainda, o anúncio de oferta de emprego com referência ao sexo do candidato (art. 373-A, I da CLT[71]).

Essa ampla proteção, como visto no capítulo anterior, se deve ao fato de que os direitos fundamentais são dotados de eficácia radiante por todo o ordenamento jurídico, quer público, quer privado, exigindo respeito, promoção e proteção (MACHADO, 2011, p. 36).

Nas palavras de Machado (2011, p. 37),

> [...] nas relações de emprego, a vinculação dos particulares frente ao princípio constitucional da igualdade não afasta nem limita a vinculação do Estado, visto que a regra constitucional que proíbe a discriminação (artigo 7º, especialmente) dirige-se, também, ao próprio legislador, de modo que este, ao criar novas leis destinadas a reger referidas relações, não pode, a princípio, permitir situações discriminatórias, salvo quando fundamentada a exigência de um tratamento diferenciado. Para tanto, aqui transparece com exatidão a dimensão jurídico-objetiva do direito de igualdade, que não pode obviamente caracterizar-se apenas como direito de defesa, exercitável de forma subjetiva.

Entretanto, por outro lado, é preciso salientar que existe parcela da doutrina e da jurisprudência que entende que, no contexto atual, a proteção

---

(69) Nesse sentido, Cantelli (2007, p. 39) observa que a discriminação "despoja, restringe, nega direito e gera exclusão social, violando o princípio da igualdade e o direito que todo cidadão tem de viver com dignidade. Além disso, a discriminação, de qualquer espécie, afeta a auto-estima da pessoa atingida, podendo dar ensejo a diversas doenças de ordem psíquica e física, violentando a dignidade de sua vítima".

(70) "Art. 1º Fica proibida a adoção de qualquer prática discriminatória e limitativa para efeito de acesso a relação de emprego, ou sua manutenção, por motivo de sexo, origem, raça, cor, estado civil, situação familiar ou idade, ressalvadas, neste caso, as hipóteses de proteção ao menor previstas no inciso XXXIII do art. 7º da Constituição Federal."

(71) "Art. 373-A. Ressalvadas as disposições legais destinadas a corrigir as distorções que afetam o acesso da mulher ao mercado de trabalho e certas especificidades estabelecidas nos acordos trabalhistas, é vedado: I — publicar ou fazer publicar anúncio de emprego no qual haja referência ao sexo, à idade, à cor ou situação familiar, salvo quando a natureza da atividade a ser exercida, pública e notoriamente, assim o exigir; [...]."

específica ao trabalhador do sexo feminino não mais se justifica, tendo em vista que as raízes da legislação protecionista estão calcadas em noções tradicionais acerca do papel da mulher na sociedade, de forma que essas leis, adjetivadas como "benignas", na prática causam efeito adverso, expondo, ainda mais, a mulher a condições de subemprego e inferioridade (BARROS, 1993, p. 453).

Para estes, as ações afirmativas em prol da mulher acarretariam a denominada *discriminação inversa*, ou seja, a preterição do homem que passa a ser então o trabalhador injustiçado e rejeitado.

Segundo Sierra Hernaiz (1999, p. 105), "la acción positiva da lugar a una discriminación directa pero esta vez em contra los hombres, identica em características y consequencias a la sufrida por las mujeres hasta um passado no mui lejano".

Todavia, esta não é a posição defendida no presente trabalho, porquanto, no contexto atual, a mulher ainda é o sexo frágil no contrato de trabalho, necessitando de proteção especial para que possa galgar seu espaço em situação de igualdade com o homem. Obviamente que o protecionismo exacerbado e injustificado gera o efeito oposto.

Contudo, a solução não passa pelo reconhecimento da igualdade formal, mas pela adoção de medidas coerentes para a promoção da isonomia material com fincas a evitar a discriminação na relação laboral[72].

## 5.2. *A tutela especial da mulher trabalhadora*

Se o trabalho é condição essencial para que o ser humano tenha acesso a inúmeros direitos fundamentais, como saúde, lazer, moradia, alimentação e educação, a discriminação revela-se como uma ação obstativa à fruição desses direitos, violando, por consequência, a dignidade da pessoa humana.

Como ponto nodal do presente trabalho, cabe, a partir de agora, centralizar o enfoque na tutela especial do trabalhador do sexo feminino.

Segundo o legislador constituinte, a tutela especial da mulher, para fins da promoção da igualdade, dá-se mediante incentivos específicos, nos termos da lei, para a proteção do mercado de trabalho da trabalhadora do sexo feminino.

---

(72) Nesse sentido, Coutinho (2000, p. 22) lembra que a "distinção deve se pautar por critérios objetivos e razoáveis, necessários e suficientes para tal e, ainda, não onerosos. Diante de eventual desigualdade, há de se resolver por diretivas fixadas em regras ou princípios constitucionais, sendo que os objetivos serão valorados por compatibilidade, mediante o reconhecimento de uma relação com as condições reais de iguais oportunidades. Tudo sempre de sorte a garantir a Justiça social e a concentração e eficácia dos direitos sociais, econômicos e culturais".

A esse conjunto de medidas protetivas específicas, que visam ao favorecimento da mulher, dá-se o nome de "ações afirmativas" ou "discriminações positivas".

Tais medidas importam na adoção de programas no setor público e privado que possuem por objetivo atribuir, em caráter temporário (até que o equilíbrio se estabeleça), um tratamento especial às mulheres de forma a proporcionar equilíbrio entre os sexos nas relações laborais (BARROS, 2005, p. 1109).

Essas ações afirmativas podem ser tipificadas como políticas antidiscriminatórias preventivas (por meio de regulamentos que proíbem condutas discrimiminatórias autorizando que as vítimas reclamem por compensações) e políticas antidiscriminatórias corretivas (que reconhecem que a discriminação tem múltiplas manifestações) (BARZOTTO, 2012, p. 51).

Segundo Cruz (2003, p. 185), as ações afirmativas podem ser entendidas como "medidas públicas e privadas, coercitivas ou voluntárias, implementadas na promoção/integração de indivíduos e grupo sociais tradicionalmente discriminados".

Ferreira Filho (2011, p. 140) salienta que do princípio constitucional da igualdade decorre a proibição de privilégios que não tenham por objetivo o reajustamento proporcional de situações desiguais, ou seja, tratamentos jurídicos diferenciados que não se contrapõem a unidade do direito.

Como adverte Lima Teixeira (2005, p. 986),

> Essa eloquência constitucional quanto à *isonomia específica*, entre homens e mulheres, fracionando-a do *tratamento igualitário amplo* (art. 5º, I, da CF/88), no qual estariam incluídos, tem um significado que o intérprete não pode desaperceber-se. Essa ênfase, a nosso sentir, visa evitar protecionismos que, no fundo, desguarneçam a mulher no seu acesso ao emprego pelos embaraços que cria. Por isso, é inconstitucional a norma jurídica que confere tutela especial à mulher, diferenciando-a do homem por razões que não sejam de ordem estritamente biológica, precisamente onde a natureza a desigualou do homem (grifos no original).

As ações afirmativas podem compreender diversos aspectos do trabalho feminino, por exemplo, ações que facilitem o acesso ao trabalho e a formação profissional, políticas voltadas para mudanças culturais, ações que implementem ferramentas de conciliação entre o trabalho e vida familiar/social, ações que garantam a dignidade humana no trabalho etc. (CANTELLI, p. 2007, p. 176).

No caso do Brasil, como já mencionado alhures, o art. 7º da CF/88 estabeleceu a proteção ao mercado de trabalho da mulher, mediante incentivos, nos termos de legislação específica.

Ademais, o art. 373-A, § único[73], da CLT, acrescentado pela Lei n. 9.799/99, faz alusão à possibilidade de adoção de medidas temporárias que tenham por objetivo o estabelecimento de políticas de igualdade entre homens e mulheres, corrigindo distorções que afetem a formação profissional e o acesso ao emprego das mulheres.

Também o art. 390-E[74], incluído na CLT por força da mesma lei, discorre sobre a possibilidade de a pessoa jurídica associar-se a entidades de formação profissional e outras, para a execução de projetos voltados ao incentivo ao trabalho da mulher.

Todavia, consoante se verificará no tópico 5.2.2, essas previsões normativas têm-se mostrado insuficientes para a redução da desigualdade de tratamento da mulher no mercado de trabalho.

Não se pode esquecer, ainda, da proteção legislativa conferida à mulher nas relações laborais. A CLT destina um capítulo (III) específico para a tutela do trabalho feminino.

Inicialmente, o art. 373-A[75] coíbe a discriminação da mulher em razão de seu estado gravídico antes e durante a vigência do contrato de trabalho,

---

(73) "Art. 373-A. [...]
Parágrafo Único. O disposto neste artigo não obsta a adoção de medidas temporárias que visem ao estabelecimento das políticas de igualdade entre homens e mulheres, em particular as que se destinam a corrigir as distorções que afetam a formação profissional, o acesso ao emprego e as condições gerais de trabalho da mulher."

(74) "Art. 390-E. A pessoa jurídica poderá associar-se a entidade de formação profissional, sociedade civil, sociedades cooperativas, órgãos e entidades públicas ou entidades sindicais, bem como firmar convênios para o desenvolvimento de ações conjuntas, visando à execução de projetos relativos ao incentivo ao trabalho da mulher."

(75) "Art. 373-A. Ressalvadas as disposições legais destinadas a corrigir as distorções que afetam o acesso da mulher ao mercado de trabalho e certas especificidades estabelecidas nos acordos trabalhistas, é vedado:
I — publicar ou fazer publicar anúncio de emprego no qual haja referência ao sexo, à idade, à cor ou situação familiar, salvo quando a natureza da atividade a ser exercida, pública e notoriamente, assim o exigir;
II — recusar emprego, promoção ou motivar a dispensa do trabalho em razão de sexo, idade, cor, situação familiar ou estado de gravidez, salvo quando a natureza da atividade seja notória e publicamente incompatível;
III — considerar o sexo, a idade, a cor ou situação familiar como variável determinante para fins de remuneração, formação profissional e oportunidades de ascensão profissional;
IV — exigir atestado ou exame, de qualquer natureza, para comprovação de esterilidade ou gravidez, na admissão ou permanência no emprego;
V — impedir o acesso ou adotar critérios subjetivos para deferimento de inscrição ou aprovação em concursos, em empresas privadas, em razão de sexo, idade, cor, situação familiar ou estado de gravidez;
VI — proceder o empregador ou preposto a revistas íntimas nas empregadas ou funcionárias.
Parágrafo único. O disposto neste artigo não obsta a adoção de medidas temporárias que visem ao estabelecimento das políticas de igualdade entre homens e mulheres, em particular as que se destinam a corrigir as distorções que afetam a formação profissional, o acesso ao emprego e as condições gerais de trabalho da mulher."

como, a proibição de recusa de emprego ou de promoção em razão do estado de gravidez da trabalhadora.

O art. 384[76], cuja constitucionalidade é questionada por parte da doutrina e da jurisprudência, prevê, para o caso de prorrogação da jornada de trabalho, um descanso específico ao trabalhador do sexo feminino.

Já a proteção à maternidade é regulada nos art. 391 a 400, assegurando, entre inúmeros outros direitos (também aqueles previstos no texto constitucional), descansos especiais durante a jornada de trabalho destinados à amamentação[77].

Salutar ressaltar que a própria CF/88 possui normas de proteção à mulher. É o caso da licença gestante e da estabilidade da empregada grávida, direitos previstos, respectivamente, no art. 7º, inciso XVIII[78], e no art. 10, II, *b*, do Ato das Disposições Transitórias da CF/88[79].

Por óbvio, essa proteção legislativa estende-se, principalmente, no âmbito das normas internacionais de Direito do Trabalho, mediante tratados internacionais e convenções da CLT.

Ao lado, e — por que não dizer — por consequência da Declaração Universal de Direitos Humanos, do Pacto Internacional dos Direitos Civil e Políticos e do PIDESC (a respeito, ver tópico 3.3.2), o principal instrumento normativo internacional é a Convenção sobre a Eliminação de todas as formas de Discriminação contra a Mulher, aprovada em 1979, por ocasião da realização, no México, da primeira Conferência Mundial sobre a Mulher.

A Convenção tem por objetivo não apenas a erradicação da discriminação contra a mulher, mas também a determinação de práticas de promoção da igualdade, combinando a proibição da discriminação com a adoção de políticas compensatórias, aliando à vertente repressivo-punitiva a vertente positivo-promocional (PIOVESAN, 2009, p. 198).

Essas vertentes podem ser facilmente identificadas com a leitura do preâmbulo que reprime a discriminação, como ato violador da dignidade da pessoa humana, ressaltando a necessidade de adoção de medidas destinadas a reduzir a desigualdade.

---

(76) "Art. 384. Em caso de prorrogação do horário normal, será obrigatório um descanso de 15 (quinze) minutos no mínimo, antes do início do período extraordinário do trabalho."

(77) "Art. 396. Para amamentar o próprio filho, até que este complete 6 (seis) meses de idade, a mulher terá direito, durante a jornada de trabalho, a 2 (dois) descansos especiais, de meia hora cada um."

(78) "Art. 7º. [...]
XVIII — licença à gestante, sem prejuízo do emprego e do salário, com a duração de cento e vinte dias".

(79) "Art. 10. [...]
II — fica vedada a dispensa arbitrária ou sem justa causa: [...]
b) da empregada gestante, desde a confirmação da gravidez até cinco meses após o parto."

No âmbito regional, é preciso mencionar a Convenção Interamericana para Prevenir Punir e Erradicar a Violência contra a Mulher (Convenção de Belém do Pará), ratificada pelo Brasil em 1995, que em seu art. 6º[80] reconhece o direito da mulher de ser livre de todas as formas de discriminação.

No plano da CLT, citam-se as Convenções n. 100 (referente à igualdade de remuneração), 111 (que trata da discriminação em Matéria de Emprego e Profissão), 156 (que tutela os trabalhadores com encargos de família) e 183 (que versa sobre a proteção da maternidade).

A existência dessas inúmeras convenções explicita a preocupação que a OIT tem, desde sua origem, com a questão da igualdade de oportunidades entre homens e mulheres (NOVAIS, 2005, p. 65). Tanto é que, como visto no tópico 5.1, a eliminação da discriminação em matéria de emprego é princípio fundamental.

### 5.2.1. Os desafios da globalização para a proteção da mulher na relação de trabalho

Como visto, ao longo do século XX e, principalmente, a partir de sua segunda metade, a mulher ampliou seu ritmo de participação da força de trabalho em todo mundo, fazendo-se presente em todos os setores da atividade econômica, contribuindo para o progresso da humanidade e para a melhora das condições de vida, ao lado do homem e não contra ele (LUZ, 1984, p. 75).

Todavia, consoante delineado até o momento, esse aumento do nível de participação não a libertou da desigualdade e da discriminação nas relações de trabalho. E o advento da globalização trouxe novas demandas e perspectivas para o trabalhador do sexo feminino.

A globalização, entendida como o estágio atual da mundialização, que se iniciou no século XV com a conquista das Américas, consolidou-se no final da década de 1980, com o naufrágio das economias socialistas, sendo fruto da conjunção do auge desenfreado do capitalismo com o auge de uma rede de telecomunicações instantâneas (MORIN, 2011, p. 20).

Como consequência da implosão da União Soviética e da derrota do maoísmo, a globalização provocou uma onda de democratização em diversos países e a revalorização dos direitos do homem e da mulher (MORIN, 2011, p. 20-21).

---

(80) "Art. 6º. O direito de toda mulher a ser livre de violência abrange, entre outros:
a. o direito da mulher a ser livre de todas as formas de discriminação; e
b. o direito da mulher a ser valorizada e educada livre de padrões estereotipados de comportamento e costumes sociais e culturais baseados em conceitos de inferioridade ou subordinação".

No ambiente do trabalho feminino, muito se falou que a emancipação feminina se realizaria com a plena integração da mulher no mercado de trabalho, fenômeno característico da globalização econômica. Todavia, os impactos da globalização são ambíguos e contraditórios, pois as desigualdades persistem e adotam novas formas (CUNHA; FUENTES, 2006, p. 01).

Em que pese a avassaladora disponibilidade de meios de comunicação para aproximação de pessoas, mantiveram as mulheres distantes e anônimas no mercado de trabalho, o que acarreta a inexorável conclusão de que os progressos científico e tecnológico não acarretaram uma melhoria das relações humanas (CANTELLI, 2007, p. 108).

A competição global e o desenvolvimento voltado para a exportação resultaram na preferência por trabalhadores mulheres, sobretudo em manufaturas de uso intensivo de mão de obra, e, nos países ricos, as mulheres assumiram empregos privilegiados, o que certamente contribuiu para a redução da desigualdade salarial em algumas nações (CUNHA; FUENTES, 2006, p. 08).

Apesar disso, a globalização não gerou a tão sonhada "emancipação feminina", pelo contrário, fomentou o crescimento da desigualdade em termos econômicos e sociais, ou seja, a globalização da economia também globalizou os processos de exclusão (CUNHA; FUENTES, 2006, p. 08).

Segundo Pimentel e Pandjiarjian (2001, s/p), em pesquisa realizada no início da década passada, as mulheres elegeram como suas maiores prioridades ter salários mais altos, respeito no local de trabalho e creche para as crianças, o que demonstra que, apesar de protegidas no campo legal, os direitos trabalhistas das mulheres estão longe de ser implementados na prática, o que, inequivocamente, constitui um desafio para a promoção da justiça social com igualdade de gênero no contexto da globalização.

Se, por um lado, a globalização resultou em maior participação feminina no mercado de trabalho, esse fenômeno tem se consolidado em condições de estigma e discriminação (CUNHA; FUENTES, 2006, p. 09).

As novas tecnologias que inundaram o mundo reforçaram a marginalidade das mulheres, pois os postos não qualificados desapareceram enquanto os postos que implicam tarefas repetitivas, típicas do modelo tayolorista, são os que estão disponíveis para a imensa maioria das mulheres mundo afora (CANTELLI, 2007, p. 113).

De acordo com Souza Lobo (2011, p. 67), a despeito da globalização,

> [...] a divisão sexual do trabalho parece estar inserida na divisão sexual da sociedade, na construção do masculino e do feminino no

nível do conjunto da sociedade, como uma relação entre dois mundos, dois espaços que é apresentada como natural e biológica. Ainda mais a divisão sexual do trabalho como relação entre dois gêneros traz embutida a hierarquia social entre estes dois gêneros.

O aumento da escolaridade feminina e do ingresso das mulheres em profissões consideradas superiores veio acompanhado do crescimento significativo de trabalhadoras em empregos precários, mal remunerados e desprovidos de perspectivas de carreira (NOVAIS, 2005, p. 51).

Roy (1999, p. 71) lembra que a tendência à feminilização de alguns setores do trabalho se "dá com grande desvantagem para o trabalho feminino, pois a qualificação correspondentes não se confirma" e, com isso, a precarização das condições de trabalho, a baixa remuneração e a discriminação se estabelecem.

Um exemplo disso é que os países que apresentam módicas taxas de crescimento, exportam trabalhadoras prestadores de serviços domésticos como forma de geração/complementação da renda familiar. O salário obtido por essas mulheres fomenta o mercado consumidor e amplia a renda per capita nacional. Todavia, os benefícios operam efeitos positivos apenas no campo econômico e não social, pois acontecem à custa de mulheres que abandonam seus lares e seus familiares por longos períodos de tempo (CUNHA; FUENTES, 2006, p. 10).

De acordo Yannoulas (2002, p. 29), as mudanças significativas no mundo do trabalho e a crescente participação feminina não resultaram na diminuição das desigualdades entre homens e mulheres, pois a ampliação da participação do trabalhador do sexo feminino está mais vinculada à expansão de atividades "femininas"[81] do que ao acesso a atividades "masculinas", sendo que as discriminações vertical e horizontal ainda se reproduzem, a brecha salarial não foi reduzida (é maior quanto mais elevado o nível de instrução), a taxa de desemprego feminina continua sendo superior à dos homens, e aumentou a presença de mulheres em ocupações mais precárias.

O que se denota é que a inserção no mercado de trabalho não pode ser considerada um avanço significativo se é precária e desqualificada. Como bem observam Reis e Souza (2012, p. 136),

> Não se pode compactuar com a aceitação da desregulamentação ou de afronta e violação dos direitos trabalhistas à população feminina sob a

---

(81) De acordo com Nogueira (2006, p. 137), "Uma divisão sexual do trabalho tida como 'natural', é, portanto, um produto da história da relação entre o espaço reprodutivo e o produtivo, que seleciona e organiza as diferenças biológicas e funcionais entre homens e mulheres, legitimando e institucionalizando essas diferenças como base para a organização social".

falsa premissa de que é preferível que ela, a mulher, esteja inserida no mercado laboral, seja da forma que for, da que estar desempregada.

Em 2011, o Instituto de Pesquisa Econômica Aplicada (IPEA) lançou a 4ª edição da Revista "Retrato das Desigualdades de Gênero e Raça", com uma ampla pesquisa sobre a situação do Brasil nos períodos de 1995 a 2009. Inicialmente, concluiu que a taxa de participação feminina na renda familiar cresceu 10% no período analisado, do que se concluiu que a inserção da mulher no mercado de trabalho cresceu significativamente. Todavia, a discriminação ainda persiste nas suas mais diversas formas (IPEA, 2011).

Exemplo disso é que, em 1995, a taxa média de desocupação[82] dos homens era de 5%, enquanto a das mulheres era de cerca de 7%. Em 2009, a taxa média de desocupação dos homens passou para cerca de 6%, enquanto a das mulheres passou para 11%, ou seja, a taxa de desocupação das mulheres continua maior em relação à dos homens.

Também a renda média dos homens continua sendo maior do que a das mulheres. Enquanto os trabalhadores brancos auferem renda média de R$ 1.491,00, os trabalhadores negros de R$ 833,50, as trabalhadoras brancas ganham, em média, R$ 957,00, e as trabalhadoras negras, R$ 544,40.

Um dos fatores que explicam essa desigualdade é o nível de instrução que continua muito maior nos homens em relação ao das mulheres. De acordo com o documento do IPEA, os homens brancos possuem, em média, 8,8 anos de estudo, enquanto as mulheres brancas possuem cerca de 7,1 anos de estudo.

Da análise de todos os índices apontados na pesquisa, o documento conclui que (IPEA, 2011, p. 27):

> [...] as mulheres têm consolidado, ao longo das últimas décadas, sua participação no mercado de trabalho no Brasil, que deixa, aos poucos, de ser percebida como secundária ou intermitente. A inserção das mulheres nesta realidade é, no entanto, marcada por diferenças de gênero e raça. Além de estarem menos presentes do que os homens no mercado de trabalho, ocupam espaços diferenciados, estando sobrerrepresentadas nos trabalhos precários. Ademais, a trajetória feminina rumo ao mercado de trabalho não significou a redivisão dos cuidados entre homens e mulheres, mesmo quando se trata de atividades remuneradas, o que pode ser percebido pela concentração de mulheres, especialmente negras, nos serviços sociais e domésticos.

---

(82) Trabalhadores desempregados, mas em busca de emprego.

Tudo isso deixa claro que a redução das desigualdades socioeconômicas[83] entre homens e mulheres não foram e não serão excluídas pela globalização econômica, porquanto demandam profundas transformações nas relações de gênero, pela adoção de políticas de redistribuição e reconhecimento (CUNHA; FUENTES, 2006, p. 11), e ainda, pela adoção de legislação que contemple incentivos específicos para que as organizações adotem políticas de promoção da igualdade de gênero.

### 5.2.2. Os efeitos para a promoção da igualdade de gênero da ausência de legislação sobre a proteção do trabalho da mulher mediante incentivos específicos

Consoante exposto anteriormente, a CF/88, em seu art. 7º, XX, estabelece a proteção ao mercado de trabalho da mulher, por meio de incentivos nos termos de lei específica.

Com efeito, o art. 373-A da CLT prevê a possibilidade de implantação de medidas temporárias que tenham por escopo a implementação de políticas de igualdade entre homens e mulheres no ambiente laboral.

Igualmente, o art. 390-E da CLT dispõe sobre a possibilidade de ações conjuntas entre as pessoas jurídicas e as entidades de formação profissional, sociedades civis, sociedades cooperativas, entidades públicas e sindicatos para o incentivo ao trabalho da mulher.

Denota-se que os comandos legais acima citados, embora facultem a possibilidade da efetivação de programas e busquem atenuar a discriminação em face da mulher no mercado de trabalho, não podem ser considerados como um efetivo aparato legislativo de proteção do trabalho da mulher mediante recursos específicos nos termos preconizados pela CF/88.

Como corolário lógico, a realidade mostra que as ações afirmativas são módicas e inexpressivas, e, portanto, incapazes de operar os efeitos pregados pelo legislador constituinte.

Os efeitos da ausência podem ser medidos em números. Em 2010, o instituto ETHOS e o IBOPE, em parceria com a Fundação Getúlio Vargas (FGV-SP), o IPEA, a OIT e o Fundo de Desenvolvimento das Nações Unidas para a Mulher (UNIFEM), realizaram a pesquisa denominada "Perfil social, racial e de gênero das 500 maiores empresas do Brasil e suas Ações Afirmativas". Seu objetivo foi "fomentar a discussão sobre o tema no meio empresarial

---

(83) Sobre o tema, Touraine (2007, p. 231) lembra que as mulheres não buscam a inversão das desigualdades, mas, sim, a superação da inferioridade na relação homens/mulheres em que elas ainda ocupam uma posição de inferioridade.

e estimular a adoção de ações em favor da inclusão de grupos usualmente discriminados no mercado de trabalho" (INSTITUTO ETHOS, 2010, p. 3).

A pesquisa mostrou que, do total de 1506 profissionais que compunham o "quadro executivo" das empresas, 1.299 eram homens e 207 eram mulheres. No nível de gerência, a desigualdade repete-se com um total de 10.815 trabalhadores para 3.077 trabalhadoras.

O pior é que, quando os números são confrontados com as pesquisas realizadas nos anos anteriores, não se percebe nenhuma situação de melhora na situação. Pelo contrário, alguns índices apontam retrocesso da participação feminina, o que deixa transparecer a sua situação de vulnerabilidade, ou seja, "as últimas a serem contratadas e as primeiras a serem demitidas".

Para se ter uma ideia, em 2005, 31% das mulheres ocupavam cargos de gerência. Em 2007 esse percentual caiu para 24,6% e voltou a cair em 2010 para 22,1%, tendência de queda que se repete em outros cargos como, por exemplo, de supervisão, que, em 2007, tinha um índice de participação feminina de 37% que foi reduzido para 26,8% em 2010 (INSTITUTO ETHOS, 2010, p. 12)

A pesquisa conclui que uma expressiva maioria das empresas não possui medidas para incentivar a participação de mulheres em seus quadros, e, quando têm, são ações meramente pontuais e não políticas com metas e ações planejadas (INSTITUTO ETHOS, 2010, p. 11).

O levantamento apontou que, para os cargos executivos, apenas 4% das empresas possuem políticas com metas e ações planejadas de incentivo da participação feminina em cargos de gestão, e 37% não possuem qualquer política direcionada à promoção da igualdade de oportunidades para homens e mulheres (INSTITUTO ETHOS, 2010, p. 26).

O mais alarmante é que, quando questionados sobre a proporção de mulheres nos cargos hierárquicos mais elevados, os presidentes das empresas unanimemente responderam que a distribuição é adequada, sendo que 51% dos presidentes entrevistados atribuíram a ínfima participação feminina à falta de qualificação profissional e à falta de interesse das mulheres por esses cargos.

A pesquisa traduz em números a consequência da ausência de legislação específica para a promoção da igualdade da mulher mediante incentivos específicos. Isso significa que as mulheres ainda continuam a exercer os cargos menos expressivos e com menores remunerações dentro das empresas.

A título comparativo, a Itália, ainda em 1991, com a Lei n. 125, implementou uma das mais avançadas diretrizes sobre a igualdade entre e homens e mulheres no trabalho, instituindo medidas de cunho compensatório e promocional, como, o financiamento, total ou parcial, de mecanismos de ação afirmativa pelo Ministério do Trabalho e da Previdência Social. Isso viabilizou a implantação de programas pelas empresas privadas (CANTELLI, 2007, p. 179).

Portanto, ações afirmativas são imprescindíveis para o equilíbrio de oportunidades no mercado de trabalho e para a eliminação da discriminação contra as mulheres, e, consequentemente, da desigualdade social daí decorrente (CANTELLI, 2007, p. 181).

Passa-se, agora, a estudar a reificação do trabalho feminino no cenário contemporâneo.

### 5.2.3. A reificação do trabalho feminino

A reificação do trabalho foi trazida para o debate pelo marxismo, que atribuía ao modo de ser capitalista a classificação das relações sociais. O filósofo húngaro Georg Lukács, na célebre obra "História e Consciência de Classe. Estudos sobre a dialética marxista" (2003), aduz que a característica da época capitalista é que a força de trabalho assume para o próprio trabalhador a forma de uma mercadoria que lhe pertence. Para ele (2003, p. 200), a "a igualdade formal do trabalho humano abstrato não é somente o denominador comum ao qual os diferentes objetos são reduzidos, mas torna-se também o princípio real do processo efetivo de produção de mercadorias".

Obviamente, a reificação é um fenômeno ainda presente na sociedade moderna. Fernando Braga da Costa, psicólogo cuja tese de doutorado rendeu o elogiado livro "Homens invisíveis: relatos de uma humilhação social", em que narra sua experiência como gari em grande metrópole, conceitua com precisão o conceito de reificação. Para Costa (2004, p. 64),

> [...] configura-se como o processo pelo qual, nas sociedades industriais, o valor (do que quer que seja: pessoas, relações inter-humanas, objetos, instituições) vem apresentar-se à consciência dos homens como valor sobretudo econômico, valor de troca: tudo passa a contar, primariamente, como mercadoria. Assim, por exemplo, o trabalho reificado não aparece por suas qualidades, trabalho concreto, mas como trabalho abstrato, trabalho para ser vendido. A sociedade que vive à custa desse mecanismo produz e reproduz, perpetua e apresenta relações sociais como relações entre coisas. O homem fica apagado, é mantido à sombra. Todo o tempo, fica prejudicada a consciência de que a relação entre mercadorias (e a relação entre cargos) é, antes de tudo, uma relação que prevalece sobre a relação entre pessoas.

O fenômeno da reificação danifica a compreensão sobre o caráter humano do trabalho, do trabalhador e da consciência social que deles possuímos: atravessa nossa percepção, norteia nosso pensamento e orienta nossas ações.

Como visto ao longo do presente trabalho, a negação de reconhecimento da mulher trabalhadora foi objeto de uma série de medidas normativas da CLT nas últimas décadas (BARZOTTO, 2012, p. 52).

As lutas travadas pelo movimento feminista ao longo do século XX e todo o aparato normativo internacional (global e regional) e nacional de proteção ao trabalho feminino alçaram a mulher trabalhadora a outro patamar dentro do mercado de trabalho, mas não a libertaram completamente dos estigmas discriminatórios historicamente enfrentados.

A realidade atual ainda aponta para um cenário de desigualdade e de discriminação em que a mulher trabalhadora, em muitas ocasiões, ainda é um trabalhador de segunda categoria, inferior em capacidade e, por consequência, em salário, em respeito e, por fim, em dignidade.

Isso pode ser facilmente aferido quando se analisam as questões envolvendo a prática de assédio moral/sexual no ambiente de trabalho, que é uma das formas mais primitivas de exteriorização da inferioridade e da submissão da mulher em relação ao homem.

Segundo levantamento da OIT (2011, p. 30), entre 40% e 50% das mulheres trabalhadoras na União Europeia já relataram alguma forma de assédio sexual ou de comportamento sexual indesejado no local de trabalho. Números semelhantes são verificados na região da Ásia-Pacífico, em que entre 30% e 40% das trabalhadoras referem alguma forma de assédio sexual.

No Brasil, o Sindicato das Secretárias do Estado de São Paulo realizou pesquisa na categoria que apontou que aproximadamente 25% das trabalhadoras já foram assediadas sexualmente pelos empregadores ou por superiores hierárquicos (PEDUZZI, 2012).

Como visto, há muito que se fazer e um longo caminho a ser percorrido para que a igualdade de gênero alcance a sua plenitude e a discriminação sexual no mercado de trabalho figure como página virada na história do Direito do Trabalho.

### 5.3. *A concretização da tutela especial da mulher trabalhadora no Brasil pela via da jurisdição constitucional*

Conforme abordado nos tópicos anteriores, a despeito da imensa quantidade de leis protetivas ao trabalho feminino nos cenários pátrio e internacional, inexiste, no Brasil, a efetiva concretização legislativa do disposto no art. 7º, XX da CF/88, ou seja, medidas legais que obstaculizem a discriminação por meio de incentivos específicos.

O que existe, a bem da verdade, são medidas pontuais, em alguns segmentos da sociedade, que são insuficientes para alterar a realidade vivenciada pela trabalhadora brasileira.

Assim, resta analisar no presente tópico a questão da contribuição da jurisdição constitucional na promoção da igualdade entre homens e mulheres na contemporaneidade.

Inicialmente, cumpre lembrar que a discriminação se coaduna com o princípio da igualdade, desde que não atinja de modo atual e absoluto um só indivíduo, para não contrariar os princípios da generalidade e da abstração da norma jurídica; que haja realmente nas situações, nas coisas ou nas pessoas características e traços diferenciados; que exista correlação lógica entre os fatos diferenciais e a distinção estabelecida; e que a distinção estabelecida tenha valor positivo, à luz do que estabelece o texto constitucional (MELLO, 1984, p. 53-54).

No caso do Brasil, em que o legislador ainda não sistematizou um aparato legal de proteção ao trabalho feminino mediante a instituição de incentivos específicos, não compete ao judiciário fazê-lo, limitando o seu campo de atuação em dizer quando e por que, nos casos concretos, está ocorrendo uma discriminação da mulher trabalhadora.

Nesse sentido, Menezes (2001, p. 133) lembra que o texto constitucional brasileiro é pródigo em previsões que privilegiam a adoção de tratamentos jurídicos diferenciados para determinados grupos sociais, inclusive para corrigir os efeitos de ações discriminatórias. A questão é que o controle de constitucionalidade dos tratamentos impostos aos iguais e aos desiguais como reconhecido pelos tribunais pátrios não se resume apenas na identificação do fator de diferenciação eleito pelo texto normativo (v. g., raça, sexo etc.), envolvendo a análise de correspondência entre este e as disparidades adotadas, que deve ser considerada por ocasião da análise do quesito pertinência/finalidade das normas, como também no que diz respeito à sua razoabilidade.

Esse exame só é factível quando definidos vários elementos, que variam de caso para caso (MENEZES, 2001, p. 134). É o que se identifica dos julgados escolhidos para análise da concretização da tutela especial da mulher trabalhadora pela via da jurisdição constitucional.

O primeiro caso é o do julgamento pelo Tribunal Superior do Trabalho (TST), no Incidente de Inconstitucionalidade n. 1.540/2005-046-12-00-5, que discutia se o intervalo de 15 minutos para mulher, antes da jornada extraordinária, previsto no art. 384 da CLT, havia sido recepcionado pela CF/88.

Por ocasião do julgamento, ocorrido na sessão do Tribunal Pleno de 17 de dezembro de 2008, decidiu-se pela constitucionalidade do dispositivo legal em comento, uma vez que homens e mulheres não são iguais em desgaste físico, evidenciando-se, portanto, razoável o tratamento legal diferenciado conferido à mulher trabalhadora.

Transcreve-se, por oportuno, a ementa do referido acórdão:

MULHER — INTERVALO DE 15 MINUTOS ANTES DE LABOR EM SOBREJORNADA — CONSTITUCIONALIDADE DO ART. 384 DA CLT EM FACE DO ART. 5º, I, DA CF/88.

1. O art. 384 da CLT impõe intervalo de 15 minutos antes de se começar a prestação de horas extras pela trabalhadora mulher. Pretende-se sua não recepção pela Constituição Federal, dada a plena igualdade de direitos e obrigações entre homens e mulheres decantada pela Carta Política de 1988 (art. 5º, I), como conquista feminina no campo jurídico.

2. A igualdade jurídica e intelectual entre homens e mulheres não afasta a natural diferenciação fisiológica e psicológica dos sexos, não escapando ao senso comum a patente diferença de compleição física entre homens e mulheres. Analisando o art. 384 da CLT em seu contexto, verifica-se que se trata de norma legal inserida no capítulo que cuida da proteção do trabalho da mulher e que, versando sobre intervalo intrajornada, possui natureza de norma afeta à medicina e segurança do trabalho, infensa à negociação coletiva, dada a sua indisponibilidade (CF/88r. Orientação Jurisprudencial 342 da SBDI-1 do TST).

3. O maior desgaste natural da mulher trabalhadora não foi desconsiderado pelo Constituinte de 1988, que garantiu diferentes condições para a obtenção da aposentadoria, com menos idade e tempo de contribuição previdenciária para as mulheres (CF/88, art. 201, § 7º, I e II). A própria diferenciação temporal da licença-maternidade e paternidade (CF/88, art. 7º, XVIII e XIX; ADCT, art. 10, § 1º) deixa claro que o desgaste físico efetivo é da maternidade. A praxe generalizada, ademais, é a de se postergar o gozo da licença-maternidade para depois do parto, o que leva a mulher, nos meses finais da gestação, a um desgaste físico cada vez maior, o que justifica o tratamento diferenciado em termos de jornada de trabalho e período de descanso.

4. Não é demais lembrar que as mulheres que trabalham fora do lar estão sujeitas a dupla jornada de trabalho, pois ainda realizam as atividades domésticas quando retornam à casa. Por mais que se dividam as tarefas domésticas entre o casal, o peso maior da administração da casa e da educação dos filhos acaba recaindo sobre a mulher.

5. Nesse diapasão, levando-se em consideração a máxima albergada pelo princípio da isonomia, de tratar desigualmente os desiguais na medida das suas desigualdades, ao ônus da dupla missão, familiar e profissional, que desempenha a mulher trabalhadora corresponde o bônus da jubilação antecipada e da concessão de vantagens específicas, em função de suas circunstâncias próprias, como

é o caso do intervalo de 15 minutos antes de iniciar uma jornada extraordinária, sendo de se rejeitar a pretensa inconstitucionalidade do art. 384 da CLT.

Incidente de inconstitucionalidade em recurso de revista rejeitado (Rel. Min. Ives Gandra Martins Filho, publicado em 13.02.2009).

Cabe enaltecer que o Tribunal levou em consideração a dupla função que a mulher desempenha, ou seja, mãe de família e profissional, mostrando-se, portanto, válida a concessão de vantagens legais específicas, como é o caso do intervalo de 15 minutos antes da prorrogação da jornada normal de trabalho.

Na mesma esteira, o Supremo Tribunal Federal, nos autos do RE 658.312/SC, de relatoria do Ministro Dias Toffoli, sedimentou entendimento no sentido de que o artigo 384 da CLT foi efetivamente recepcionado pela Constituição Federal sem a ocorrência de quebra do princípio da isonomia, com aplicação a todas as mulheres trabalhadoras.

Ao julgar pela perfeita adequação do artigo 384 da CLT com os postulados de igualdade inscritos na Constituição Federal, o Tribunal acena com necessidade de que a igualdade entre homens e mulheres não pode ser apenas formal, mas, sobretudo, material, ou seja, na prestação de trabalho extraordinário a desigualdade de força física entre homens e mulheres deve ser compensada de forma a proteger a trabalhadora mantendo a paridade de condições no ambiente de trabalho.

O segundo caso, também oriundo do TST, o recurso ordinário em dissídio coletivo n. 537/2005-000-03-00.6, cuida-se de pedido de exclusão, formulado pelo recorrente, de cláusula na convenção que obrigava os empregadores a cumprir o disposto na Convenção n. 111 da CLT.

Como visto, a Convenção n. 111 estabelece a adoção de políticas nacionais de eliminação de discriminação em matéria de emprego por motivos de raça, cor, sexo, religião, opinião política, ascendência nacional ou origem social.

A decisão, de relatoria do Ministro Walmir Oliveira da Costa, foi no sentido de dar provimento ao recurso, excluindo a aludida cláusula, por entender que a convenção da OIT é destinada somente ao Poder Público, que é quem tem o dever/poder de formular e de aplicar uma política nacional de promoção de igualdade de oportunidades e de tratamento em matéria de emprego, não podendo a Justiça do Trabalho atuar como legislador ordinário.

No seu voto, o Ministro-relator referiu que

> [...] a norma internacional apenas estabelece comandos direcionados para a adoção de políticas públicas pelos Estados, sendo inviável o seu cumprimento direto pelos empregadores privados. Assim, em que pese o grande valor social do Suscitante em buscar evitar discriminações nos ambientes de trabalho, a cláusula proposta se mostra inadequada.

A despeito das importantes decisões da Corte trabalhista na erradicação da discriminação do trabalho feminino, a decisão proferida no caso relatado importa um retrocesso no árduo caminho da efetiva igualdade de tratamento entre homens e mulheres no ambiente laboral.

As convenções da OIT possuem natureza jurídica de tratados internacionais, como é consabido. Ao versarem sobre direitos humanos dos trabalhadores, certamente obrigam os Estados a implementá-los, mas não excluem os particulares de os observarem e respeitarem.

A instituição de cláusula normativa que obrigue as empresas a cumprirem o disposto em Convenção Internacional, *a priori* destinada especificamente ao Poder Público, não se revela "inadequada", máxime porque o dever de respeito aos direitos humanos e fundamentais irradia efeitos que ultrapassam a esfera vertical, ou seja, Estado e indivíduo sendo exigíveis nas relações entre os entes privados, dentre as quais, se insere a relação de emprego.

Com a fixação da cláusula da dignidade da pessoa humana, e com o estabelecimento de princípios fundamentais introdutórios, procurou o constituinte estabelecer uma nova ordem pública, da qual não se podem excluir as relações jurídicas particulares (TEPEDINO, 2004, p. 74).

Forçoso lembrar que o contrato de trabalho tem de cumprir a sua função social de molde a garantir a dignidade da pessoa humana. Se o Estado ainda é omisso e inerte na efetiva proteção do mercado de trabalho da mulher, nada impede aos particulares, com a chancela do Poder Judiciário, que o façam mediante instrumentos normativos privados.

Outrossim, exigir que a igualdade e a abolição da discriminação no trabalho dependam exclusivamente de políticas nacionais de promoção da igualdade de tratamento e de oportunidades é avalizar que as empresas mantenham e implementem políticas discriminatórias diretas e indiretas na relação juslaboral.

Assim, à guisa de conclusão, depreende-se que o Poder Judiciário, neste caso, abriga-se na própria inércia do Estado, o que em nada contribui para a promoção da igualdade de gênero no ambiente laboral.

Outro interessante caso é oriundo do Tribunal Regional do Trabalho da Segunda Região (Acórdão n. 20091026550), que versa sobre pedido de indenização de ex-empregada contra o empregador por motivos discriminatórios. Segundo informado na petição inicial, a empresa tinha por política oculta dispensar empregadas grávidas ou quando egressas da licença-maternidade.

Com fulcro nas normas constitucionais e infraconstitucionais de proteção à mulher trabalhadora, a Turma julgadora considerou a prática do empregador como discriminatória, condenando-a ao pagamento de indenização por danos morais em favor da obreira.

Chama atenção o fato de que a ação foi julgada procedente em virtude de ter a autora "comprovado" os fatos alegados na inicial, aplicando-se, assim, a teoria subjetiva da responsabilidade civil, o que demonstra uma postura de certa forma conservadora dos julgadores.

Em processos dessa natureza, as possibilidades da vítima de comprovar a discriminação são muito limitadas por diversos fatores, como a dificuldade de reunir documentos (todos os termos de rescisão de contrato de trabalho dos demais empregados despedidos em idênticas condições estão em poder do empregador) e testemunhas (as ex-colegas de trabalho já não fazem mais parte do convívio da empregada, sendo difícil convidá-las/convocá-las a depor). Assim, recomendável que as regras referentes à distribuição do ônus probatório levem em consideração as possibilidades reais e concretas dos litigantes, fazendo com que o ônus da prova não recaia necessariamente sobre a parte que alega, mas sobre a parte que se encontra em melhores condições de produzir a prova necessária para o deslinde do caso (MALLET, 2010, p. 203).

Nesse sentido, é precisa a lição de Viana (2010, p. 257), para quem "discriminam os tribunais, e aqui de forma *macroscópica*, quando usam as regras da prova pretensamente neutra, como se, no terreno do processo, as partes se tornassem magicamente iguais" (grifos no original).

Como visto no capítulo anterior, a Suprema Corte norte-americana já admitiu que, em casos de discriminação, cabe ao empregador comprovar a "legitimidade" da atitude, ou seja, comprovar, por exemplo, que não adota tal política possuindo em seus quadros gestantes ou egressas de gestação.

O que se observa é que a jurisdição constitucional brasileira, por vezes, ainda limita sua atuação na concretização da tutela da mulher trabalhadora a discorrer sobre a (in)constitucionalidade de dispositivos infraconstitucionais ou sobre a (in)ocorrência de discriminação nos casos concretos.

Quando convocada a mostrar uma postura mais atuante, refugia-se na inércia dos demais Poderes, perdendo a oportunidade de concretizar a CF/88.

Todavia, há de se ressaltar que, apesar dos deslizes que por vezes ocorrem, o Poder Judiciário, de maneira geral, tem trabalhado na construção da igualdade material e na vedação da discriminação de gênero no mercado de trabalho.

Caso ilustrativo desse papel exercido pela jurisdição constitucional na efetivação da proteção da mulher trabalhadora é o Reexame Necessário n. 2004209717, do Tribunal de Justiça do Estado de Sergipe, em que se discutia a reserva de vagas para o sexo feminino no curso de formação de cabos e soldados da Polícia Militar do Estado de Sergipe.

A ação ajuizada por candidatas ao certame tinha por objetivo fazer com que o Estado de Sergipe realizasse concurso com reserva de vagas para o sexo feminino, na proporção de 10% do total oferecido, conforme previsto na Lei Estadual n. 3.696/96.

Por ocasião do julgamento, decidiu-se que a sentença do juízo *a quo* que havia julgado procedente o pleito teria de ser mantida em face da existência de lei estadual fixando percentual de vagas para militares do sexo feminino.

O relator, Desembargador Roberto Eugênio da Fonseca Porto, em seu voto asseverou que não vê

> [...] como deixar de acatar as razões apresentadas pelas demandantes, quando o demandado teve o constitucional e augusto gesto de instituir nos quadros das Instituições Militares a indispensável figura do sexo feminino, vem, agora, violando não só as regras constitucionais e infraconstitucionais acima referidas, mas princípios sustentadores do Estado Democrático de Direito, como a cidadania; dignidade humana; redução da desigualdade social; promoção do bem de todos, sem preconceitos de origem, raça, sexo, cor e quaisquer outras formas de discriminação, impedindo a participação das policiais militares, num percentual mínimo dos Cursos de Formação à graduação de Cabos e Sargentos.

Há de ressaltar que a decisão do Tribunal fundamentada, embora ancorada na existência de lei estadual, não deixa de ser interessante na medida em que acolheu como constitucional o referido instrumento normativo por estar em consonância com os princípios sustentadores do estado democrático de direito (promoção do bem de todos sem discriminação de qualquer natureza), ao aceitar uma medida legal discriminatória no intuito de reduzir a desigualdade de gênero.

Por fim, particularmente interessante é o Recurso Extraordinário n. 693172, publicado no Diário Oficial em 31 de maio de 2012, que versava sobre o caso de uma policial militar que postulava a realização de testes físicos em processo seletivo interno para a promoção de cargo após o transcurso do período gestacional.

A demanda foi julgada procedente, sendo que o julgado, de lavra do Ministro Joaquim Barbosa, fez expressa referência aos arts. 5º, I, 6º e 7º, XX, da CF/88.

A decisão é especialmente interessante na medida em que afirmou a igualdade da mulher sem causar discriminação inversa, pois não dispensou a candidata da realização dos testes físicos, apenas por razões biológicas próprias da mulher, postergando a prova para quando do término do período gestacional.

É esse o papel que se espera do Poder Judiciário na concretização dos princípios fundamentais de um estado democrático de direito, sobretudo, do valor social do trabalho e da dignidade da pessoa humana.

A construção de uma sociedade livre, justa e solidária, com a redução das desigualdades, não depende apenas de ações afirmativas ou leis protetivas. O Poder Judiciário, na concretização da Constituição, desempenha papel imprescindível na promoção do bem de todos os cidadãos e no combate a todas as formas de discriminação.

Como visto, há muito a fazer e um longo caminho a ser percorrido, pois a igualdade entre homens e mulheres não se efetiva pela simples garantia constitucional, e a jurisdição constitucional deve-se valer de sua privilegiada condição e de seu relevante papel para a efetiva construção de uma sociedade fraterna, pluralista e sem preconceitos como refere o preâmbulo da CF/88.

# 6

## *Conclusão*

À luz do constitucionalismo contemporâneo e, em contraposição à tendência crescente de relativização e de desregulamentação dos direitos fundamentais sociais trabalhistas, o poder judiciário é convocado a assumir uma nova postura frente à sociedade. Assim, em termos qualitativos, qual tem sido a contribuição da jurisdição constitucional na promoção da igualdade entre homens e mulheres no mercado de trabalho?

Essa é a pergunta que norteou o objeto da presente pesquisa, haja vista que em uma sociedade marcada pelo neoliberalismo, em que o capital desconsidera fronteiras, movendo-se rapidamente, impelido pelo seu objetivo precípuo que é o lucro, o poder público tende a relativizar direitos trabalhistas como forma de atrair investimentos e de manter a concorrência do estado em nível internacional.

Nesse momento quem, inexoravelmente, arca com as maiores consequências são as categorias de trabalhadores que historicamente sofrem com a discriminação no mercado de trabalho, como é o caso das pessoas com necessidades especiais, dos menores e das mulheres, já que são os últimos a serem contratados e os primeiros a serem demitidos.

Contudo, em contrapartida, vive-se a era do constitucionalismo contemporâneo, marcada pela existência de cartas constitucionais amplas, nas quais os direitos fundamentais revelam-se como tábua de valores mínimos presentes no meio social.

A busca da mulher trabalhadora pela igualdade de tratamento e de condições no mercado de trabalho não é nova. Ao longo dos últimos séculos, a mulher alcançou importantes conquistas que a alçaram a outro patamar na sociedade, que, apesar de tudo, ainda insiste em se revelar "machista" e "discriminatória", como se observou nos resultados das pesquisas que ilustraram o presente trabalho.

Essas conquistas não se resumem a ações afirmativas (que, como se viu, ainda são praticamente inexistentes no cenário brasileiro), mas, acima de tudo, a um aparato normativo de promoção da igualdade material e de vedação da discriminação no mercado de trabalho.

Exemplo claro disso são os art. 373-A da CLT, que proíbe a discriminação da mulher em razão de seu estado gravídico, e 384, do mesmo diploma legal, que prevê um descanso de 15 minutos para a mulher antes de trabalhar em jornada extraordinária.

Porém, de nada adianta todo o arcabouço de leis internacionais e nacionais de proteção do trabalho feminino, se o Poder Judiciário não mostrar a sua faceta concretizadora da *lex fundamentalis*, promovendo a igualdade de gênero na relação *jus laboral*, já que, nesse constitucionalismo, consubstanciado na dignidade da pessoa humana, os direitos fundamentais, dentre os quais, obviamente, se inclui a isonomia, gozam de *status* diferenciado dentro do sistema constitucional.

Nesse contexto, o Poder Judiciário deve-se livrar do estigma de atuar apenas como legislador negativo, excluindo normas eivadas de nulidade, para exercer uma atividade "criativa", que, cuidando para não flertar com a arbitrariedade nem o com paternalismo judicial (o que daria razão àqueles que alegam infringência do princípio da separação dos poderes), concretize os direitos fundamentais sociais entalhados na CF/88.

Como visto, as Cortes trabalhistas têm exercido relevante papel quando convocadas a decidir sobre a constitucionalidade ou não de medidas legais protetivas em prol da mulher trabalhadora, como no caso, por exemplo, de declarar a constitucionalidade do art. 384 da CLT e das leis estaduais que reservam vagas para mulheres em concursos para a Polícia Militar.

Todavia, os magistrados não são uníssonos em matéria de concretização da CF/88, pois categoricamente insistem em afirmar que não é sua função atuar como legislador positivo, mesmo diante da comprovada inércia do Poder Legislativo, como é o caso da ausência de leis que estabelecem incentivos específicos para a proteção do mercado de trabalho da mulher.

Isso se observa, por exemplo, no comportamento exarado em alguns julgados do TST que excluem de contratos coletivos de trabalho (convenções e acordos coletivos de trabalho) cláusulas que preveem a obrigatoriedade de cumprimento por parte dos empregadores do disposto na Convenção n. 111 da OIT, por entenderem que esta não se destina aos particulares, mas apenas aos entes públicos, como se os direitos fundamentais não irradiassem efeitos nas relações interprivadas (eficácia horizontal).

Ora, na medida em que a dignidade da pessoa humana e o respeito aos direitos fundamentais formam o eixo do sistema constitucional contemporâneo, o Poder Judiciário detém uma atividade transformadora, estabelecendo vinculações mínimas de respeito e promoção aos direitos nucleares do indivíduo, que, obrigatoriamente, devem ser estendidas para as relações entre entes privados, como é o caso do contrato de trabalho.

E isso não pode ser diferente quando a matéria em pauta são os direitos humanos e fundamentais de segunda dimensão, pois, a despeito dos traços distintivos com os direitos de primeira dimensão, são igualmente importantes e não podem ficar adstritos à implementação pela via do Poder Legislativo.

Há que ser ratificar as ideias de que, imerso na característica da fundamentalidade, os direitos sociais geram uma exigibilidade, e, por consequência, um dever de prestação por parte do Estado. Mais, que, diante das desigualdades sociais, a vinculação aos direitos fundamentais não fica adstrita à relação com o Estado, sendo um comportamento exigido também nas relações entre particulares.

Tendo em vista a sua dimensão objetiva, os direitos fundamentais não estão mais lançados à mercê da vontade do legislador. As palavras "se" e "quando", devem deixar de ser "acompanhamento obrigatório" no momento em que a ordem do dia é a efetivação dos direitos fundamentais sociais.

Nessa esteira, goza o Poder Judiciário de inteira legitimidade para interferir no terreno até então ocupado com exclusividade pelos demais poderes da República brasileira.

A jurisdição constitucional exerce papel decisivo para dar voz às minorias político-sociais em um estado democrático, colaborando na concretização da dignidade da pessoa humana em uma sociedade materialmente igual e livre da discriminação.

Obviamente que não se solidariza com a ideia de um Estado judicial, em que o Poder Judiciário, indiscriminadamente, veste a "toga" do salvador das minorias, porquanto essa atitude em nada contribui para o fortalecimento da democracia. Pelo contrário, apenas gera uma tensão entre os poderes e um descrédito institucional.

Contudo, é inegável que o Poder Judiciário não pode deixar de exercer sua vertente positiva quando o que se discute são os direitos nucleares do ser humano, especialmente quando os demais poderes se quedam inertes em realizar minimante o que deles se espera.

Inequivocamente, a jurisdição constitucional exerce papel central na promoção da igualdade entre homens e mulheres no mercado de trabalho, e desse encargo não pode furtar-se sob pena de colocar em risco o próprio texto constitucional, e, por consequência, os princípios norteadores do estado democrático de direito.

A propalada igualdade material no ambiente de trabalho e o combate à discriminação do trabalho feminino não prescindem de uma jurisdição constitucional atuante em consonância com o cenário do constitucionalismo contemporâneo e, portanto, apta e atenta a conferir força normativa à CF/88.

# Referências Bibliográficas

AEIXE, Egídia Maria de Almeida. Uma conversa sobre direitos humanos, visão da justiça e discriminação. In: VIANA, Márcio Túlio; RENAULT, Luiz Otávio Linhares (Org.). *Discriminação*. São Paulo: LTr, 2000.

ALEXY, Robert. *Teoria de los derechos fundamentales*. El derecho y La justicia. 3. ed. Madrid: Centro de Estudo Políticos Y Constitucionales, 2002.

ALMEIDA, Ana Paula de; EPPLE, Cristiane. A vinculação dos direitos fundamentais às relações entre particulares: enfoque nas relações laborais. In: REIS, Jorge Renato dos; CERQUERIA, Katia Leão (Org.). *Intersecções jurídicas entre o público e o privado:* uma abordagem principiológica constitucional. Salvador: EDUFBA, 2012.

ALVES, J. A. Lindgren. *A arquitetura internacional dos direitos humanos*. São Paulo: FTD, 1997.

ALVES LIMA, Firmino. *Teoria da discriminação nas relações de trabalho*. Rio de Janeiro: Elsevier, 2011.

ANDRADE, José Carlos Vieira de. *Os direitos fundamentais na Constituição Portuguesa de 1976*. Coimbra: Livraria Almedina, 1987.

_____. _____. 2. ed. Coimbra: Almedina, 2001.

ARRUDA, Kátia Magalhães. *Direito constitucional do trabalho:* sua eficácia e o impacto do modelo neoliberal. São Paulo: LTr, 1998.

BARBOSA, Rui. *Oração aos moços*. 3. ed. Rio de Janeiro: Fundação Casa de Rui Barbosa, 1988.

BARROS, Alice Monteiro de. Cidadania, relações de gênero e relações de trabalho. In: *Justiça do trabalho*. n. 286, Out/2007, Porto Alegre: HS, 2007.

_____ . *Curso de direito do trabalho*. São Paulo: LTr, 2005.

_____ . Protecionismo legal e os efeitos no mercado de trabalho da mulher. In: *Boletim de Doutrina e Jurisprudência*. Belo Horizonte, ed. do TRT-3ª Região, n. 3, jul.-set. 1993.

BARROSO, Luís Roberto. *Ano do STF*: Judicialização, Ativismo Judicial e Legitimidade Democrática. 2008. Disponível em: <http://www.conjur.com.br/2008-dez-22/judicializacao_ativismo_legitimidade_democratica/>. Acesso em: 29 nov. 2013.

_____ . *Interpretação e aplicação da Constituição:* fundamentos de uma dogmática constitucional transformadora. São Paulo: Saraiva, 1996.

_____ . *O controle de constitucionalidade no direito brasileiro*: exposição sistemática da doutrina e análise crítica da jurisprudência. 4. ed. São Paulo: Saraiva, 2009.

BARZOTTO, Luciane Cardoso. *Direitos humanos e trabalhadores:* atividade normativa da organização internacional do trabalho e os limites do Direito Internacional do Trabalho. Porto Alegre: Livraria do Advogado, 2007.

_____ . Igualdade e discriminação no ambiente de trabalho. In: BARZOTTO, Luciana Cardoso (Org.). *Trabalho e Igualdade*. Tipos de discriminação no ambiente de trabalho. Porto Alegre: Livraria do Advogado, 2012.

BASTOS, Celso Ribeiro; MARTINS, Ives Gandra. *Comentários à Constituição do Brasil*. São Paulo: Saraiva, 1988.

BENDASSOLI, Pedro Fernando. *Trabalho e identidade em tempos sombrios*: insegurança ontológica na experiência atual com o trabalho. Aparecida: Ideias & Letras, 2007.

BINENBOJM, Gustavo. *A nova jurisdição constitucional brasileira*. Rio de Janeiro: Renovar, 2001.

BOBBIO, Norberto. *A era dos direitos*. Trad. Carlos Nelson Coutinho. 5. reimp. Rio de Janeiro: Campus, 1992.

BONAVIDES, Paulo. *Curso de direito constitucional*. 7. ed. São Paulo: Malheiros, 1997.

_____ . _____. 13. ed. São Paulo: Malheiros, 2003.

BRASIL. *Constituição da República Federativa do Brasil*, de 5 de outubro de 1988. Disponível em: <http://www.planalto.gov.br/ccivil_03/constituicao/constitui%C3%A7ao.htm>. Acesso em: 5 out. 2012.

_____. *Constituição Política do Império do Brasil (de 25 de março de 1824)*. Disponível em: <http://www.planalto.gov.br/Ccivil_03/Constituicao/Constituicao24.htm>. Acesso em: 14 ago. 2013.

_____. *Constituição da República dos Estados Unidos do Brasil (de 24 de fevereiro de 1891)*. Disponível em: <http://www.planalto.gov.br/ccivil_03/constituicao/Constituicao91.htm>. Acesso em: 14 ago. 2013.

_____. Decreto n. 129, de 22 de maio de 1991. *Promulga a Convenção n. 159, da Organização Internacional do Trabalho — OIT, sobre Reabilitação Profissional e Emprego de Pessoas Deficientes*. Disponível em: <http://www.planalto.gov.br/ccivil_03/decreto/1990-1994/D0129.htm>. Acesso em: 15 ago. 2013.

_____. Decreto n. 591, de 6 de julho de 1992. *Atos Internacionais. Pacto Internacional sobre Direitos Econômicos, Sociais e Culturais. Promulgação*. Disponível em: <http://www.planalto.gov.br/ccivil_03/decreto/1990-1994/D0592.htm>. Acesso em: 15 ago. 2013.

_____. Decreto n. 592, de 6 de julho de 1992. *Atos Internacionais. Pacto Internacional sobre Direitos Civis e Políticos. Promulgação*. Disponível em: <http://www.planalto.gov.br/ccivil_03/decreto/1990-1994/D0592.htm>. Acesso em: 16 ago. 2013.

_____. Decreto n. 678, de 6 de novembro de 1992. *Promulga a Convenção Americana sobre Direitos Humanos (Pacto de São José da Costa Rica), de 22 de novembro de 1969*. Disponível em: <http://www.planalto.gov.br/ccivil_03/decreto/D0678.htm>. Acesso em: 16 ago. 2013.

_____. Decreto 1.973, de 1º de agosto de 1996. *Promulga a Convenção Interamericana para Prevenir, Punir e Erradicar a Violência contra a Mulher, concluída em Belém do Pará, em 9 de junho de 1994*. Disponível em: <http://www.planalto.gov.br/ccivil_03/decreto/1996/D1973.htm>. Acesso em: 12 ago. 2013.

_____. Decreto n. 3.956, de 08 de outubro de 2001. *Promulga a Convenção Interamericana para a Eliminação de Todas as Formas de Discriminação contra as Pessoas Portadoras de Deficiência*. Disponível em: <http://www.planalto.gov.br/ccivil_03/decreto/2001/d3956.htm>. Acesso em: 5 ago. 2013.

_____. Decreto n. 62.150, de 19 de janeiro de 1968. *Promulga a Convenção n. 111 da OIT sobre discriminação em matéria de emprego e profissão*. Disponível em: <http://www.planalto.gov.br/ccivil_03/decreto/1950-1969/D62150.htm>. Acesso em: 7 ago. 2013.

_____. Decreto n. 99.710, de 21 de novembro de 1990. *Promulga a Convenção sobre os Direitos da Criança*. Disponível em: <http://www.planalto.gov.br/ccivil_03/decreto/1990-1994/D99710.htm>. Acesso em: 7 ago. 2013.

_____. Decreto-Lei n. 4.377, de 13 de setembro de 2002. *Promulga a Convenção sobre a Eliminação de Todas as Formas de Discriminação contra a Mulher, de 1979, e revoga o Decreto n. 89.460, de 20 de março de 1984*. Disponível em: <http://www.planalto.gov.br/ccivil_03/decreto/2002/D4377.htm>. Acesso em: 16 out. 2012.

_____. Decreto-Lei n. 5.452, de 1º de maio de 1943. *Aprova a Consolidação das Leis do Trabalho*. Disponível em: <http://www.planalto.gov.br/ccivil_03/decreto-lei/del5452.htm>. Acesso em: 15 out. 2012.

_____. Lei n. 8.280, de 12 de abril de 1990. *Dispõe sobre a organização da Presidência da República e dos Ministérios, e dá outras providências*. Disponível em: <http://www.planalto.gov.br/ccivil_03/leis/L8028.htm>. Acesso em: 10 ago. 2013.

_____. Lei n. 9.029, de 13 de abril de 1995. *Proíbe a exigência de atestados de gravidez e esterilização, e outras práticas discriminatórias, para efeitos admissionais ou de permanência da relação jurídica de trabalho, e dá outras providências*. Disponível em: <http://www.planalto.gov.br/ccivil_03/leis/l9029.htm>. Acesso em: 15 ago. 2013.

_____. Ministério da Justiça. *Declaração Universal dos Direitos Humanos*. Adotada e proclamada pela resolução 217 A (III) da Assembleia Geral das Nações Unidas em 10 de dezembro de 1948. Disponível em: <http://portal.mj.gov.br/sedh/ct/legis_intern/ddh_bib_inter_universal.htm>. Acesso em: 15 ago. 2013.

_____. *Supremo Tribunal Federal*. Arguição de Descumprimento de Preceito Fundamental n. 54 (ADPF/54). Relator Min. Marco Aurélio Mello. Julgamento em 12 de abril de 2012. Disponível em: <http://www.stf.gov.br/noticiadetalhe.htm>. Acesso em: 01 dez. 2014.

_____. *Supremo Tribunal Federal*. Recurso Extraordinário n. 683172. Relator Min. Joaquim Barbosa. Publicado em 31 de maio de 2012. Disponível em: <http://stf.jusbrasil.com.br/jurisprudencia/21836205/recurso-extraordinario-re-683172-am-stf>. Acesso em: 04 jan. 2014.

_____. *Tribunal Regional do Trabalho da Segunda Região*. Acórdão n. 00592200808602000. Relator Ricardo Artur Costa e Trigueiros. Disponível em: <http://www.trt2.jus.br/dwp/consultasphp/public/index.php/segundaInstancia>. Acesso em: 29 dez. 2013.

_____. *Tribunal Superior do Trabalho*. Incidente de Deslocamento de Competência. (TST-INN-RR.1.540/2005-046-12-00-5). Relator Min. Ives Gandra Martins Filho. Julgamento em 17 de dezembro de 2008. Disponível em: <http://www.tst.jus.br/jurisprudencia.htm>. Acesso em: 01 jan. 2014.

_____. *Tribunal Superior do Trabalho*. Recurso Ordinário em Dissídio Coletivo (RO 537/2005-000-03-00-6). Relator Min. Waldir Oliveira da Costa. Disponível em: <http://www.tst.jus.br/jurisprudencia.htm>. Acesso em: 02 jan. 2014.

BRITO FILHO, José Cláudio Monteiro de. *Discriminação no trabalho*. São Paulo: LTr, 2002.

CAMBI, Eduardo. *Neoconstitucionalismo e neoprocessualismo:* direitos fundamentais, políticas públicas e protagonismo judiciário. São Paulo: Revista dos Tribunais, 2009.

CAMINO, Carmen. *Direito individual do trabalho*. Porto Alegre: Síntese, 1999.

CANADÁ. *Suprema Corte. Canada v Mossop. 25 de fevereiro de 1993. Case n. 22145.* Disponível em: <http://scc-csc.lexum.com/decisia-scc-csc/scc-csc/scc-csc/en/item/969/index.do>. Acesso em: 26 dez. 2013.

CANÇADO TRINDADE, Antonio Augusto. *A proteção internacional dos direitos humanos*: fundamentos jurídicos e instrumentos básicos. São Paulo: Saraiva, 1991.

_____. *Tratado de direito internacional dos direitos humanos*. Porto Alegre: Fabris, 1997.

CANOTILHO, Joaquim José Gomes. *Direito constitucional e teoria da Constituição*. 7. ed. Coimbra: Almedina, 2003.

CANTELLI, Paula Oliveira. *O trabalho feminino no divã*: dominação e discriminação. São Paulo: LTr, 2007.

CAPPELLETTI, Mauro. *Juízes legisladores?* Trad. Carlos Álvaro de Oliveira. Porto Alegre: Sergio Antonio Fabris, 1999.

CERQUEIRA, Marcello. *Cartas constitucionais*. Império, República & Autoritarismo. Rio de Janeiro: Renovar, 1997.

CISNE, Mirla. *Gênero, divisão sexual do trabalho e serviço social*. São Paulo: Outras Expressões, 2012.

CITTADINO, Gisele. Judicialização da política, constitucionalismo democrático e separação de poderes. In: VIANNA, Luiz Werneck (Org.). *A democracia e os três poderes no Brasil*. Belo Horizonte: Editora UFMG, 2002.

COMPARATO, Fábio Konder. *A afirmação histórica dos direitos humanos*. 3. ed. São Paulo: Saraiva, 2003.

CONTI, Giovanni. *Requisitos da tutela constitucional cautelar*. Porto Alegre: Norton, 2004.

COSTA, Fernando Braga da. *Homens invisíveis*: relatos de uma humilhação social. São Paulo: Globo, 2004.

COSTA, Maria Isabel Pereira da. *Jurisdição constitucional no estado democrático de direito*. Porto Alegre: Síntese, 2003.

COSTA, Marli M. M. da; MARTIN, Nuria Belloso. *Diálogos jurídicos entre o Brasil e Espanha*: da exclusão social aos direitos sociais. Algumas estratégias de políticas públicas. Porto Alegre: Imprensa Livre, 2008.

COUTINHO, Aldacy Rachid. Relações de gênero no mercado de trabalho: uma abordagem da discriminação positiva e inversa. In: *Revista da Faculdade de Direito da UFPR*, Curitiba, v. 34, 2000.

CRUZ, Álvaro Ricardo Souza. *O direito à diferença*: as ações afirmativas como mecanismo de inclusão social de mulheres, negros, homossexuais e pessoas portadoras de deficiência. Belo Horizonte: Del Rey, 2003.

CRUZ, Rafael Naranjo de la. *Los limites de los derechos fundamentales en las relaciones entre particulares*: la buena fe. Madrid: Centro de Estúdios Políticos y Constitucionales, 2000.

CUNHA, Gabriela; FUENTES, Fernanda. Mulher, trabalho e globalização: Gênero como determinante nos padrões globais de desigualdade. In: *Revista Ártemis*, v. 4. Jun. 2006. Disponível em: <http://periodicos.ufpb.br/ojs2/index.php/artemis/article/viewFile/2103/1861>. Acesso em: 28 dez. 2013.

DELGADO, Mauricio Godinho. Proteções contra a discriminação na relação de emprego. In: VIANA, Márcio Túlio, RENAULT, Luiz Otávio Linhares (Org.). *Discriminação*. São Paulo: LTr, 2000.

DINAMARCO, Cândido Rangel. *Instituição de direito processual civil*. 4. ed. São Paulo: Malheiros, 2004.

DONKIN, Richard. *Sangue, suor & lágrimas:* a evolução do trabalho. São Paulo: M. Books do Brasil, 2003.

DWORKIN, Ronald. *Los derechos em serio*. Trad. Maria Gustavino. Barcelona: Ariel, 1984.

_____. *O império do direito*. Trad. Jefferson Luiz Camargo. 1. ed. 2. tir. São Paulo: Martins Fontes, 2003.

ESTADOS UNIDOS DA AMÉRICA. *Suprema Corte*. Price Waterhouse v. Hopkins. Case n. 490 U.S. 228. Disponível em: <http://www.law.cornell.edu/supremecourt/text/490/228>. Acesso em: 25 dez. 2013.

_____. *Suprema Corte*. Mississipi University for women v. Hogan. Case n. 458 U. S. 718 Disponível em: <https://supreme.justia.com/cases/federal/us/458/718/case.html>. Acesso em: 26 dez. 2013.

FARIA, José Eduardo (Org.). *Direitos humanos, direitos sociais e justiça*. São Paulo: Malheiros, 1994.

FERREIRA FILHO, Manoel Gonçalves. *Direitos humanos fundamentais*. 13. ed. São Paulo: Saraiva, 2011.

FILAS, Rodolfo Ernesto Capón. *Síntese da concepção sistêmica do direito laboral*. Porto Alegre: Síntese, 1998.

FURTADO, Danúbio Pereira. Discriminação dos jovens no trabalho. In: BARZOTTO, Luciana Cardoso (Org.). *Trabalho e igualdade*. Tipos de discriminação no ambiente de trabalho. Porto Alegre: Livraria do Advogado, 2012.

GALUPPO, Marcelo Campos. *Igualdade e diferença*: estado democrático de direito a partir do pensamento de Habermas. Belo Horizonte: Mandamentos, 2002.

GARAPON, Antoine. *O juiz e a democracia*: o guardião das promessas. Trad. Maria Luiza de Carvalho. Rio de Janeiro: Revan, 1999.

GENRO, Tarso Fernando. *Direito individual do trabalho*: uma abordagem crítica. São Paulo: LTr, 1985.

GÓIS, Luiz Marcelo F. de. Discriminação nas relações de trabalho. In: PIOVESAN, Flávia; CARVALHO, Luciana Paula Vaz de. (Coords.). *Direitos humanos e direito do trabalho*. São Paulo: Altas, 2010.

GOÑI, José Antonio Baigoori, y otros. *Los derechos humanos, un proyecto inacabado*. Madrid: Laberinto, 2001.

GORCZEVSKI, Clovis. *Direitos Humanos*. Dos primórdios da humanidade ao Brasil de hoje. Porto Alegre: Imprensa Livre, 2005.

_____. *Direitos humanos, educação e cidadania*: conhecer, educar e praticar. Santa Cruz do Sul: Edunisc, 2009.

GUERRA, Sidney. *Direitos humanos & cidadania*. São Paulo: Atlas, 2012.

HABERMAS, Jurgen. *Consciência moral e agir comunicativo*. Trad. Guido Antonio de Almeida. Rio de Janeiro: Tempo Brasileiro, 1997.

HEIDE, Ingeborg. Medidas supranacionales contra la discriminación sexual: igualdade salarial y de trato em la Unión Europea. In: *Revista Internacional del Trabajo*, Genebra, v. 118, n. 4, 1999.

HESSE, Konrad. *A Força Normativa da Constituição*. Die Normative Kraft der Verfassung. Trad. Gilmar Ferreira Mendes. Porto Alegre: Sérgio Antônio Fabris, 1991.

_____. *Elementos de direito constitucional da República Federal da Alemanha*. Porto Alegre: Sergio Antonio Fabris, 1998.

_____. *Manual de derecho constitucional*. Significado de los derechos fundamentales. Madrid: Marcial Pons, 1996.

HOBSBAWN, Eric J. *Mundos do trabalho*. Novos estudos sobre história operária. São Paulo: Paz e Terra, 2008.

HOMMERDING, Narciso Adalberto. Constituição, Poder Judiciário e Estado Democrático de Direito: A necessidade do debate "Procedimentalismo *Versus* Substancialismo". *Revista da Ajuris*, Porto Alegre, n. 103, p. 30, 2006.

HUDSON JUNIOR, David L. *The handy law answer book*. Understanding the law. Navigation the legal system. Detroit: Visible Ink Press, 2010.

HUNT, Lynn. *A invenção dos direitos humanos*. Uma história. São Paulo: Companhia das Letras, 2009.

INSTITUTO DE PESQUISAS ECONÔMICA APLICADA. *Retrato das desigualdades de gênero e raça*. 4. ed. Brasília: 2011. Disponível em: <http://www.ipea.gov.br/retrato/pdf/revista.pdf>. Acesso em: 29 dez. 2013.

INSTITUTO ETHOS DE EMPRESAS E RESPONSABILIDADE SOCIAL. *Perfil social, racial e de gênero das 500 maiores empresas do Brasil e suas ações afirmativas*. São Paulo: Instituto Ethos, 2010.

JUCÁ, Francisco Pedro. *A Constitucionalização dos direitos dos trabalhadores e a hermenêutica das normas infraconstitucionais*. São Paulo: LTr, 1997.

KELLER, Arno Arnoldo. *O descumprimento dos direitos sociais*. Razões políticas, econômicas e jurídicas. São Paulo: LTr, 2001.

KELSEN, Hans. *Jurisdição constitucional*. São Paulo: Martins Fontes, 2013.

KRELL, Andreas J. *Direitos sociais e controle judicial no Brasil e na Alemanha*: os descaminhos de um direito constitucional "comparado". Porto Alegre: Sergio Antonio Fabris, 2002.

LA CUERVA, Mário. *Panorama do direito do trabalho*. Porto Alegre: Sulina, 1965.

LAMARCA, Antonio. *Curso normativo de direito do trabalho*. 2. ed. São Paulo: Revista dos Tribunais, 1993.

LEAL, Mônia Clarissa Hennig. *Jurisdição constitucional aberta*. Rio de Janeiro: Lumen Juris, 2007.

_____ . La inducción de políticas públicas por los tribunales constitucionales y por los tribunales internacionales: Judicilizacion x Activismo Judicial. In: COSTA, Marli Marlene da; LEAL, Mônia Clarissa Hennig (Org.). *Direitos sociais e políticas públicas*: desafios contemporâneos. Santa Cruz do Sul: Edunisc, 2012.

LEAL, Rogério Gesta. *Condições e possibilidades eficaciais dos direitos fundamentais sociais*: os desafios do Poder Judiciário no Brasil. Porto Alegre: Livraria do Advogado, 2009.

_____ . *O estado-juiz na democracia contemporânea*: uma perspectiva procedimentalista. Porto Alegre: Livraria do Advogado, 2007.

LEIRIA, Maria Lúcia Luz. *Jurisdição constitucional e democracia*: uma análise fenomenológica de manifestações decisórias em sede de controle difuso de constitucionalidade. São José: Conceito Editorial, 2009.

LEITE, Carlos Henrique Bezerra. *Constituição e direitos sociais dos trabalhadores*. São Paulo: LTr, 1997.

LIMA, Fernando Machado da Silva. *Jurisdição constitucional e controle do poder*. É efetiva a constituição brasileira. Porto Alegre: Sérgio Antonio Fabris, 2005.

LIMA JÚNIOR, Jayme Benvenuto. *Os direitos humanos, econômicos, sociais e culturais*. Rio de Janeiro: Renovar, 2001.

LIMA TEIXEIRA, João de (Filho). In: SÜSSEKIND, Arnaldo Lopes; et al. *Instituições de direito do trabalho*. 22. ed. São Paulo: LTr, 2005. v. II.

LUCÁKS, Georg. *História e consciência de classe*. Estudos sobre a dialética marxista. São Paulo: Martins Fontes, 2003.

LUCAS, Douglas Cesar. O Procedimentalismo deliberativo e o substancialismo constitucional: apontamentos sobre o (in)devido papel dos Tribunais. In: *Direito em Revista*. Revista da Faculdade de Direito de Francisco Beltrão — CESUL, n. 7 v. 4, 2005.

LUZ, France. *O trabalho da mulher no direito brasileiro*. São Paulo: LTr, 1984.

MACHADO, Raimar. *Igualdade, liberdade contratual e exclusão por motivo de Idade nas relações de emprego*. Porto Alegre: Lex Magister, 2011.

_____. Os direitos sociais frente à crença do direito natural. In: COSTA, Marli Marlene Moraes da; LEAL, Mônia Clarissa Hennig (Orgs.). *Direitos sociais e políticas públicas*. Tomo 13. Santa Cruz do Sul: Edunisc, 2013.

MAGANO, Octávio Bueno. *Manual de direito do trabalho: Direito tutelar do trabalho*. São Paulo: LTr, 1987.

MALLET, Estevão. Discriminação e processo do trabalho. In: RENAULT, Luiz Otávio Linhares; VIANA, Márcio Túlio; CANTELLI, Paula Oliveira. *Discriminação*. 2. ed. São Paulo: LTr, 2010.

MARTINEZ, Gregogio Peces-Barba. *Derecho Positivo de los Derechos Humanos*. Madrid: Debate, 1987.

MELLO, Celso Antônio Bandeira de. *O conteúdo jurídico do princípio da igualdade*. 2. ed. São Paulo: Revista dos Tribunais, 1984.

MENDES, Gilmar Ferreira; COELHO, Inocêncio Mártires; BRANCO, Paulo Gustavo Gonet. *Hermenêutica constitucional e direitos fundamentais*. Brasília: Brasília Jurídica, 2000.

MENDES, Gilmar Ferreira. *Jurisdição constitucional*. São Paulo: Saraiva, 1999.

_____. *Curso de direito constitucional*. 3. ed. São Paulo: Saraiva, 2008.

MENEZES, Paulo Lucena de. *A ação afirmativa (affirmative action) no direito norte-americano*. São Paulo: Revista dos Tribunais, 2001.

MIRANDA, Jorge. *Manual de direito constitucional*. Coimbra: Coimbra Editora, 1988.

MOLLER, Max. Advocacia pública e a Efetivação dos Direitos Sociais Prestacionais. *Revista da PGE-RS*, Porto Alegre, v. 2., 2010.

MORAES, Alexandre. *Direitos humanos fundamentais*. Teoria Geral. 9. ed. São Paulo: Atlas, 2011.

MORAES, Guilherme Braga Peña de. *Dos direitos fundamentais*. Contribuição para uma teoria. São Paulo: LTr, 1997.

MORAIS, José Luiz Bolzan de. Direitos humanos e Constituição: o "novo" da EC 45/04. *Direitos sociais e políticas públicas — desafios contemporâneos*. Tomo 5. Santa Cruz do Sul: EDUNISC, 2005.

MOREIRA, Vital. *Princípio da maioria e princípio da constitucionalidade*: legitimidade e limites da justiça constitucional. Coimbra: Coimbra Editora, 1995.

MORIN, Edgar. *La vía para el futuro de la humanidad*. Barcelona: Libraire Artheme Fayard, 2011.

MORO, Sergio Fernando. Por uma revisão da teoria da aplicabilidade das normas constitucionais. *Revista de Direito Constitucional e Internacional*, São Paulo, Ano 9, n. 37, out-dez. 2001.

MURARO, Rose Marie. *A mulher no terceiro milênio*. Rio de Janeiro: Rosa dos Tempos, 2000.

NASCIMENTO, Amauri Mascaro Nascimento; FERRARI, Irani; MARTINS FILHO, Ives Gandra da Silva. *História do trabalho, do direito do trabalho e da justiça do trabalho*. São Paulo: 1998.

NOGUEIRA, Claudia Mazzei. *O trabalho duplicado* — a divisão sexual no trabalho e na reprodução: um estudo das trabalhadoras do telemarketing. São Paulo: Expressão Popular, 2006.

NOVAIS, Denise Pasaello Valente. *Discriminação da mulher e direito do trabalho*. Da proteção à promoção da igualdade. São Paulo: LTr, 2005.

ORGANIZAÇÃO DOS ESTADOS AMERICANOS — OEA. Comissão Interamericana de Direitos Humanos. *Convenção interamericana para prevenir, punir e erradicar a violência contra a mulher, "Convenção de Belém do Pará"*. Adotada em Belém do Pará, Brasil, em 9 de junho de 1994, no Vigésimo Quarto Período Ordinário de Sessões da Assembleia Geral. Disponível em: <http://www.cidh.oas.org/basicos/portugues/m. Belem.do.Para.htm>. Acesso em: 27 dez. 2013.

ORGANIZAÇÃO INTERNACIONAL DO TRABALHO — OIT. Escritório no Brasil. Convenção n. 87, de 17 de junho de 1948. *Liberdade Sindical e Proteção ao Direito de Sindicalização*. Disponível em: <http://www.oitbrasil.org.br/content/liberdade-sindical-e-prote%C3%A7%C3%A3o-ao-direito-de-sindicaliza%C3%A7%C3%A3o>. Acesso em: 21 dez. 2013.

_____. Convenção n. 547. *Declaração da OIT sobre os princípios e direitos fundamentais no trabalho*. Disponível em: <www.oitbrasil.org.br/sites/default/files/topic/oit/doc/declaracao_oit_547.pdf>. Acesso em 14 de junho de 2013.

_____. *Igualdade no trabalho*: um desafio contínuo. Relatório Global no quadro do seguimento da Declaração sobre os Princípios e Direitos Fundamentais no Trabalho. Trad. Traducta. Genebra: Bureau Internacional do Trabalho, 2011. Disponível em: <http://www.oitbrasil.org.br/sites/

default/files/topic/discrimination/pub/igualdade%20no%20trabalho_relatorio%202011_707.pdf>. Acesso em: 30 dez. 2013.

PASTORE, José. *Oportunidade de trabalho para portadores de deficiência*. São Paulo: LTr, 2000.

PEDUZZI, Maria Cristina. *A mulher está mais sujeita ao assédio em todas as carreiras*. 3 de novembro de 2012. Disponível em: <http://www.tst.jus.br/noticias?p_p_id=15&p_p_lifecycle=0&p_p_state=maximized&p_p_mode=view&_15_struts_action=%2Fjournal%2Fview_article&_15_groupId=10157&_15_articleId=3007936&_15_version=1.5>. Acesso em: 30 dez. 2013.

PÉREZ-LUÑO, Antonio Enrique. *Los derechos fundamentales.*. Madrid: Techos, 1995.

PIERUCCI, Antônio Flávio. Problemas com a igualdade (ou: ciladas da diferença II). In ADORNO, Sergio (Org.). *A sociedade entre a modernidade e a contemporaneidade*. Porto Alegre: UFRGS, 1995.

PIMENTA BUENO, José Antônio. *Direito público brasileiro e a análise da constituição do império*. Brasília: Ed. Senado Federal, 1978.

PIMENTEL, Sílvia; PANDJARIJIAN, Valéria. *Globalização e direito das mulheres*. 2001. Disponível em: <http://www1.folha.uol.com.br/fsp/opiniao/fz0806200109.htm>. Acesso em: 26 dez. 2013.

PINTO, Almir Pazzianotto. A constituição de 1988 e a carta constitucional de 1937 — afinidades e contrastes. In: ROMITA, Arion Sayão (Org.). *Curso de direito constitucional*. v. I. São Paulo: Saraiva, 1991.

PIOVESAN, Flávia. *Direitos humanos e o direito constitucional internacional*. 10. ed. São Paulo: Saraiva, 2009.

_____. Direito ao trabalho e a proteção dos direitos sociais nos planos internacional e constitucional. In: PIOVESAN, Flávia; CARVALHO, Luciana Paula Vaz de. *Direitos humanos e direito do trabalho*. São Paulo: Atlas, 2010.

_____. (Org.). *Direitos humanos e direito do trabalho*. São Paulo: Atlas, 2010.

QUEIROZ, Carlos Alberto Marchi de. *Resumo de direitos humanos e da cidadania*. 2. ed. São Paulo: Paulistanajur, 2004.

RAMOS, Elival da Silva. *Ativismo judicial*. Parâmetros dogmáticos. São Paulo: Saraiva, 2010.

REIS, Daniela Murada. Discriminação nas relações de trabalho e emprego: reflexões éticas sobre o trabalho, pertença e exclusão social e os instrumentos jurídicos de retificação. In: BARZOTTO, Luciane Cardoso (Org.). *Trabalho e igualdade:* tipos de discriminação no ambiente de trabalho. Porto Alegre: Livraria do Advogado, 2012.

REIS, Suzéte da Silva; SOUZA, Ismael Francisco de. Mercado de trabalho e gênero: reflexões necessárias. In: COSTA, Marli M. Moraes da; NUNES, Josiane Borghetti Antonelo; AQUINO, Quelen Brondani de. (Orgs.) *Direito, políticas públicas e gênero*. Curitiba: Multideia, 2012.

RICHARD, Lionel. *A república de Weimar (1919/1933)*. São Paulo: Companhia das Letras, 1988.

ROTHENBURG, Walter Claudius. Direitos fundamentais e suas características. In: *Revista de Direito Constitucional e Internacional*. São Paulo, v. 8. n. 30, jan/mar. 2000.

ROY, Lise. *O modo ser mulher trabalhadora na reestruturação produtiva*. Campinas: Alínea, 1999.

SARLET, Ingo Wolfgang. *A eficácia dos direitos fundamentais*. 7. ed. Porto Alegre: Livraria do Advogado, 2007.

_____. Direitos fundamentais e direito privado: algumas considerações em torno da vinculação dos particulares aos direitos fundamentais. In: SARLET, Ingo Wolfgang (Org.). *A constituição concretizada:* construindo pontos com o público e o privado. Porto Alegre: Livraria do Advogado, 2000.

SARMENTO, Daniel. *Direitos fundamentais e relações privadas*. Rio de Janeiro: Lumens Juris, 2004.

SERGIPE. *Tribunal de Justiça do Estado de Sergipe*. Acórdão em Reexame necessário n. 2004209717 SE. Relator Roberto Eugênio da Fonseca Porto. Disponível em: <http://tj-se.jusbrasil.com.br/jurisprudencia/4826918/reexame-necessario-reex-2004209717/inteiro-teor-11391047>. Acesso em: 04 jan 2014.

SIERRA HERNAIZ, Elisa. *Acción positiva y empleo de la mujer*. Madrid: Consejo Econômico y Social Publicaciones, 1999.

SILVA, Floriano Corrêa Vaz da. Constitucionalismo Social. In: ROMITA, Arion Sayão (Org.). *Curso de direito constitucional*. v. I. São Paulo: Saraiva, 1991.

SILVA, Nanci de Melo e. *Da jurisdição constitucional*. Belo Horizonte: Del Rey, 2002.

SILVA NETO, Manoel Jorge e. *Curso de direito constitucional do trabalho*. São Paulo: Malheiros, 1998.

SILVA, Plauto Thadeu Gomes da. *Direitos fundamentais*. Contribuição para uma teoria geral. São Paulo: Atlas, 2010.

SOUSA SANTOS, Boaventura de. *Para uma revolução democrática da justiça*. São Paulo: Cortez, 2007.

SOUZA LOBO, Elizabeth. *A classe operária tem dois sexos*. Trabalho, dominação e resistência. São Paulo: Fundação Perseu Abramo, 2011.

SPENGLER, Fabiana Marion. *Da Jurisdição à Mediação.* Por uma outra cultura no tratamento de conflitos. Ijuí: Unijuí, 2010.

STEINMETZ, Wilson Antônio. *Colisão de direitos fundamentais e princípios da proporcionalidade.* Porto Alegre: Livraria do Advogado, 2001.

STRECK, Lênio Luiz. A hermenêutica filosófica e a teoria da argumentação na ambiência do debate: positivismo x (neo)constitucionalismo. In: COUTINHO, Jacinto Nelson de Miranda; LIMA, Martonio Mont'Alverne Barreto (Orgs.). *Diálogos constitucionais*: direito, neoliberalismo e desenvolvimento em países periféricos. Rio de Janeiro: Renovar, 2006.

_____. Jurisdição constitucional e hermenêutica: perspectivas e possibilidades de concretização dos direitos fundamentais sociais no Brasil. *Revista Novos Estudos Jurídicos*, Itajaí, v. 8, n. 2, 2003, p. 257-301. Disponível em: <http://.univali.br/seer/index.php/nej/article/download/336/280>. Acesso em: 06 dez. 2013.

_____. *Jurisdição constitucional e hermenêutica:* uma nova crítica ao direito. 2. ed. ver. e ampl. Rio de Janeiro: Forense, 2004.

SÜSSEKIND, Arnaldo. *Direito constitucional do trabalho*. Rio de Janeiro: Renovar, 2001.

_____. *Direito internacional do trabalho*. São Paulo: LTr, 2000.

SÜSSEKIND, Arnaldo Lopes; MARANHÃO, Délio; VIANNA, Segadas; TEIXEIRA FILHO, João de Lima. *Instituições de direito do trabalho*. v. I, 22. ed. São Paulo: LTr, 2005.

TEPEDINO, Gustavo. *Temas de direito civil*. Rio de Janeiro: Renovar, 2004.

TORRES, Ricardo Lobo. A metamorfose dos direitos sociais em mínimo existencial. In: SARLET, Ingo Wolfgang (Org.). *Direitos fundamentais sociais*: estudos de direito constitucional, internacional e comparado. São Paulo: Renovar, 2003.

TOURAINE, Alain. *Um novo paradigma para compreender o mundo de hoje*. 3. ed. Petrópolis: Vozes, 2007.

TRIBUNAL DE JUSTIÇA DA COMUNIDADE EUROPEIA. Garland v. British Rail Engineering Limited. *Case 12/81.* Disponível em http://eur-lex.europa.eu/LexUriServ/LexUriServ.do?uri=CELEX:61981J0012:EN:HTML. Acesso em: 29 dez. 2013.

_____. Marschall v. Land Nordrhein Westfalen. *Case n. C-409/95*. Disponível em: <http://eur-lex.europa.eu/LexUriServ/LexUriServ.do?uri=CELEX:61995J0409:EN:HTML>. Acesso em: 29 dez. 2013.

VECCHI, Ipojucan Demétrius. *Noções de direito do trabalho*: um enfoque constitucional. Passo Fundo: UPF, 2007.

VIANA, Márcio Tulio. O dia a dia do juiz e as discriminações que o acompanham. In: RENAULT, Luiz Otávio Linhares; VIANA, Márcio Túlio; CANTELLI, Paula Oliveira. *Discriminação*. 2. ed. São Paulo: LTr, 2010.

VIANNA, Segadas. In: SÜSSEKIND, Arnaldo Lopes; et al. *Instituições de direito do trabalho*. 22. ed. São Paulo: LTr, 2005. v. I.

VISCARDI, Cláudia Maria. Trabalho, previdência e associativismo: as leis sociais na Primeira República. In: VISCARDI, Cláudia Maria Ribeiro; DELGADO, Ignácio Godinho; LOBO, Valéria Marques (Org.). *Trabalho, proteção e direitos*. Juiz de Fora: UFJF, 2010.

WOLF, Naomi. *O mito da beleza*. Como as imagens de beleza são usadas contra as mulheres. Trad. Waldéa Barcelllos. Rio de Janeiro: Rocco, 1992.

WOLKMER, Antônio Carlos. *Constitucionalismo e direitos sociais no Brasil*. São Paulo: Acadêmica, 1989.

YANNOULAS, Silvia Cristina. *Dossiê*: políticas públicas e relações de gênero no mercado de trabalho. Brasília: CFEMEA, 2002.

ZAVASCKI, Teori Albino. *Eficácia das sentenças na jurisdição constitucional*. São Paulo: Revista dos Tribunais, 2001.